다시 성장과
유니콘

일러두기

◈ '2부 성장의 주역, 유니콘'은 『유니콘 혁명—10만 불의 열쇠』의 핵심 내용을 정리하여 담았습니다.

다시 성장과 유니콘

오세훈 •
유니콘 100 포럼

서울연구원
The Seoul Institute

들어가며

몇 해 전 서울시 간부들과 세계적인 투자자 레이 달리오의 『변화하는 세계질서』를 함께 읽고 토론을 한 적이 있습니다. 이 책은 패권국이 흥망성쇠를 거듭하는 과정을 교육, 기술혁신, 경제 생산성, 군사력, 무역과 같은 객관적 요소를 통해 분석합니다. 상승기의 국가는 새로운 리더십과 기술의 발전, 교육의 향상, 저축과 무역이 증가하는 특징을 보입니다. 반면 쇠퇴기에는 부채의 증가, 빈부격차의 심화, 사회적 갈등의 격화, 재정 악화가 두드러집니다. 오늘날 한국 경제를 돌아보면, 안타깝게도 쇠퇴기의 여러 징후가 감지됩니다. 서울시장이자 정치인으로서 무거운 책임감을 느끼며 이에 대한 해법을 고민해 왔습니다.

우리 경제는 곳곳에서 비상등이 켜졌습니다. 경기침체와 소비위축은 일상이 됐고, 수많은 자영업자가 가게 문을 닫고 있습니다. 한때 우리 경제를 떠받치던 반도체와 IT 중심의 성장 엔진은 식어 가고 있으며, 1퍼센트대 저성장과 저출생 문제는 국가적 위기를 실감하게 만듭니다. 일각에서는 우리가 일본의 '잃어버린 30년'을 답습하지 않을 거라며 자신감을 내비치지만, 안심할 수 없습니다.

지금 우리나라 상황은 26년 전 IMF 경제위기를 연상시킬 정도로 위중합니다. 뼈를 깎는 변화가 없다면, 위기는 심화될 것입니다. 압축성장의 기적은 이미 과거의 일이 되었습니다. 인구는 급격히 줄어들고 자본과 인재마저 해외로 빠져나가고 있습니다. 어떤 전문가들은 '압축소멸'이라는 단어로 대한민국의 현재를 진단합니다.

20년 전에도 오늘날에도 우리나라 경제의 대표선수는 '삼성'입니다. 자연스럽게 질문이 떠오릅니다. '그 사이, 다른 주인공은 왜 등장하지 않았을까?' 미국을 보면 마이크로소프트, 구글, 애플, 테슬라 등 새로운 대표 기업들이 끊임없이 탄생하며 경제가 역동적으로 움직이고 있습니다. 최근에는 엔비디아, 오픈AI 등 인공지능 빅테크기업들이 전 세계 기술 패권을 주도하기에 이르렀습니다. 이런 끊임없는 변화와 혁신이야말로 미국 경제의 힘입니다. 그런데 우리는 어떻습니까? 과거의 성공에 머물러 있진 않았는지, 새로운 세대의 기업을 키울 환경을 만들지 못한 건 아닌지, 뼈아프게 돌아볼 필요가 있습니다.

지금이 바로 움직여야 할 때입니다. 변화 없이는 미래도 없습니다. 우리는 위기를 두려워하지 않아야 합니다. 위기는 새로운 기회를 품고 있기 때문입니다. 영국 총리를 지낸 윈스턴 처칠은 "좋은 위기를 낭비하지 마라"는 말을 남겼습니다. 지금의 위기는 우리가 더 강하고, 더 창의적이며, 더 혁신적인 사회로 나아갈 기회입니다.

이 책의 1부에서 나는 그동안 고민했던 '혁신', '산업재편', 규제를 비롯한 정책 개혁 방안을 '대한민국 다시 성장이다Korea Growth Again, 약칭 KOGA'를 위한 화두로 제시하고자 합니다. 혁신은 단순히 새로운 기술을 말하는 것이 아닙니다. 우리가 문제를 해결하는 방식, 기회를 찾는 태도, 그리고 세상을 바라보는 시각의 변화를 의미합니다. 특히 민간의 활력을 되살리는 것이 중요하다고 믿습니다.

과감한 산업정책과 규제개혁, 세금 정책, 재정투자, 금융 활성화, 노동개혁, 최첨단 기술 연구개발R&D 등을 강력하고 효과적으로 편다면, 또 5개 초광역 경제권끼리 치열하게 경쟁하며 1980년대 '아시아의 네 마리 용'이 고속 성장했던 드라마를 한반도에서 다시 펼칠 수만 있다면 '경상성장률 5퍼센트 달성을 20년 동안 지속함'으로써 KOGA의 목표를 이뤄 낼 수 있다고 확신합니다. 이는 미국, 중국과 어깨를 나란히 하는 'G3 코리아'를 향한 우리의 국가 비전과도 연결됩니다.

2부에서는 2년여 동안 '유니콘 100 포럼'에 참여한 전문가들과 힘을 모아 서울과 대한민국의 유니콘 생태계를 육성하기 위한 구체적인 전략과 방향성을 제시해 보았습니다. 서울의 미래와 혁신 경제를 고민하며 떠났던 2023년 초 유럽으로 향하는 비행기 안에서 『대한민국, 선진국의 조건』을 읽고 머리가 환해지는 통찰과 해법을 찾게 되었습니다. 출장지에 다다를 때쯤에는 이미 '유니콘 100'이라는 목표로 제법 구체화되었습니다. 이때 출장을 함께했던 서울연구원장에게 창업start-up과 스케일업scale-up 정책을 중점적으로 논의할 '유니콘 100 포럼'의 구성을 요청했고, 나도 수차례 직접 논의에 참여했습니다.

아쉽게도 2025년 현재, 시장 상황과 스타트업 생태계는 처음 '유니콘 100'을 구상했던 때보다 많이 어려워진 게 사실입니다. 하지만 우리나라 경제에서 유니콘기업이 갖는 중요성은 오히려 더욱 커졌습니다. 이 책에는 풍부한 이론적 통찰과 실제 사례가 어우러져 있는 만큼, 유니콘 육성의 중요한 길라잡이가 될 것이라 확신합니다. 더 많은 유니콘기업을 탄생시키고, 글로벌 스타트업 도시로 도약하는 서울의 성공은 대한민국 전체의 성공으로 이어질 것입니다. 이 책이 한국 유니콘 생태계 발전의 마중물이 되기를 진심으로 바랍니다.

저자를 대표해서 오세훈 씀

차례

다시 성경과 유니콘

1부

다시
성장이다

1장

왜 KOGA인가

위기의 대한민국

2025년 1월 20일 백악관에 재입성한 도널드 트럼프 미국 대통령의 관세 압박 공세 등으로 40여 일 만에 1조 4,000억 달러의 대미 신규 투자가 결정됐다. 애플(5천억 달러)을 비롯해 일본 소프트뱅크(오픈AI, 오라클과 '스타게이트 프로젝트'로 5천억 달러), 대만 TSMC(1천억 달러) 등 대부분 인공지능AI과 첨단 반도체 분야에서다.

미국은 테슬라와 스페이스엑스의 창업자 겸 최고경영자CEO인 일론 머스크 외에 IT 기업 페이팔의 최고운영책임자COO를 백악관 '인공지능·암호화폐 차르'로 임명했다. 첨단기술 고도화와 패권 장악을 목표로 국가적 차원에서 총력을 쏟고 있다.

현기증 나는 강대국들의 '경제 전쟁'

토종 기술로 만든 딥시크DeepSeek로 미국과 세계에 충격을 준 중국도 인공지능과 반도체·양자컴퓨팅·로봇·항공우주 등 전략적 과학기술 분야에 국력을 집중하고 있다. 2025년 3월 초 베이징에서 열린 전국인민대표대회와 전국인민정치협상회의의 최대 의제는 과학기술 혁신이었다. 중국 당국은 2025년 한 해에 연구개발 예산으로만 4조 위안(약 800조 원) 이상을 책정해 놓았다. 2016년부터 중국의 연구개발 투자액은 매년 평균 11퍼센트씩 증가하고 있다. 경쟁력 있는 기업 육성과 첨단 과학기술력 확보로 '경제 전쟁'에 임하는 것이다.

미국, 중국 등을 중심으로 한 주요 국가들이 신기술을 선점하고 기업들을 키우려는 노력은 현기증이 난다는 말로도 부족할 정도다. 인공지능으로 대표되는 신기술은 빅데이터, 바이오, 에너지, 자율주행과 결합해 인류의 삶을 송두리째 바꾸고 있다. 아울러 강대국들의 치열한 경쟁과 갈등 속에 세계화와 자유무역의 복음은 사라지고 있다. 급속도로 재편되는 글로벌 공급망에 편승하지 못하는 나라는 금방 낙오하는 시대가 됐다. 자유무역 질서의 최대 수혜국인 대한민국에는 전혀 반갑지 않은 변화이다.

더 심각한 것은 우리 내부이다. 10년 넘게 지속되는 세계 최악의 저출생과 급속한 고령화, 정치권의 기업 활력 억제 법안 등으로 경제적 야성野性이 사라지고 있다. 인구 축소가 성장의 발목을 잡고, 팍팍한 살림살이 때문에 결혼과 출산을 꺼려서 사회와 경제 전반이 위축되는 악순환이 깊어지고 있다.

성장의 파이를 키우는 것보다 있는 걸 나눠 먹는 데 혈안이 된 정치권의 발목 잡기와 매주 일하는 시간까지 강제하는 규제 등으로 한국 경제는 초식동물처럼 되고 있다. 높은 목표를 정해 놓고 그 목표를 달성하기 위해 전력투구하던 긴장감은 사라지고 공무원처럼 안전하게 일하며 현상 유지에 치중하는 고만고만한 분위기가 자리 잡고 있다. 이런 상황에서 한국 경제가 정점을 찍었고 이제 내리막길만 남았다는 '코리아 피크' 위기론이 들판의 불처럼 번지고 있다.

저성장에 속수무책인 '피크 코리아'

2025년은 우리나라가 해방 80주년을 맞는 해다. 지난 80년간 대한민국은 산업화와 민주화, 정보화를 이룩해 세계 10위권 경제와 1인당 소득 3만 6천 달러 고지에 올랐다. 제2차 세계대전 이후 독립한 신생국 가운데 후진국에서 중진국을 거쳐 3050클럽(인구 5천만 명, 1인당 소득 3만 달러 이상)에 가입한 나라는 우리가 유일하다. 동·하계 올림픽과 월드컵을 유치했고 피원조국에서 기여국으로 거듭났다. 대한민국 여권만 있으면 세계 191개국에 무비자 입국할 수 있다. 전 세계가 케이팝을 비롯한 한류에 열광한다.

지금부터 20년 뒤면 해방 100주년이다. 2045년의 대한민국은 지금보다 번영하는 나라여야 한다. 20년 뒤 한국의 위상을 레벨업하느냐 못하느냐에 따라 후손들의 삶의 질이 달라질 것이다. 아니 동북아시아에서 대한민국의 존재와 번영의 지속 여부가 판가름 날 것이다. 우리 주변엔 세계 2위와 3위 경제 규모를 가진 강대국이 호시탐탐 한반도를 노리고 있다.

그런데 최근의 우리나라 경제를 보면 대부분 희망보다는 절망을 느끼게 된다. 1990년대 초반 김영삼 정부 이래로 문재인 정부까지 우리나라의 장기 성장률은 5년 임기를 지날 때마다 1퍼센트포인트 안팎으로 하락하고 있다. 장기 성장률은 나라의 진짜 성장능력을 파악하기 위해 10~11년에 걸친 연간 성장률의 평균을 낸 것이다.

김세직 서울대 경제학부 교수의 분석에 의하면 한국의 장기 성장률은 30년 넘게 거의 직선으로 규칙적으로 하락해 왔다. 이에 따라 2025년에 한국의 장기 성장률은 0.9퍼센트로 떨어질 전망이다. 우리의 성장 능력이 고갈돼 장기 성장률 0퍼센트대에 진입하는 것이다. 4년 뒤인 2029년에는 0.1퍼센트까지 하락할 것으로 예상된다.

장기 성장률만 문제가 되는 것이 아니다. 우리나라의 잠재성장률 역시 급격한 인구 감소와 고령화, 생산성 둔화 등의 직접적인 영향을 받아 가라앉고 있다. 2025~2027년 연평균 1.8퍼센트대인 잠재성장률은 2030~2034년 1.3퍼센트대, 2040년대 후반에

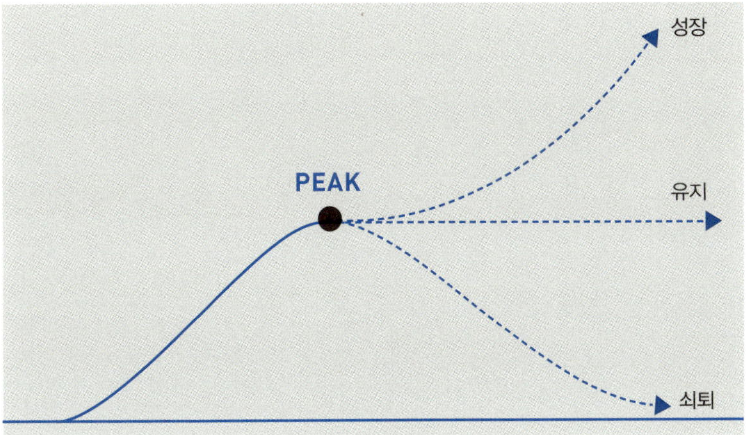

그림 1 **피크 이후의 성장 전환점**

는 0.6퍼센트대로 추락할 것이라는 분석이 유력하다. 대한민국이 이제 성장세가 점점 약해질 뿐 아니라 잠재적으로 성장할 여력마저 없어지는 나라, 즉 저성장에 속수무책인 나라가 돼 가고 있다는 얘기이다.

안과 밖 모두 위기, 지금은 한국 경제의 변곡점

우리나라보다 경제 규모가 14배 정도 큰 미국의 잠재성장률이 2020~2021년 1.9퍼센트에서 2022년 2.0퍼센트, 2023~2024년에는 2.1퍼센트까지 상승해 2년 연속 한국을 앞지른 것과 대비된다. 2025년 2월에 이창용 한국은행 총재는 2025년도 우리나라의 경제성장률 전망치를 1.9퍼센트에서 1.5퍼센트로 하향 조정하면서 "그게 현재 우리의 실력"이라고 했다.

그는 "그동안 구조조정도 하지 않고, 새 성장동력이 될 만한 산업도 키우지 않은 채 기존 산업에만 의존해 왔기 때문"이란 설명을 덧붙였다. 창조적 파괴와 혁신을 등한시하고, 있는 것만 까먹고 있는 한국 경제의 문제점을 지적한 것이다. 제조업 부문에선 30년 동안 주력 산업군이 교체된 적이 없고, 금융 부문에선 선진국과 같은 혁신이 전무하다 보니 대한민국 전반의 성장동력이 소진되고 있는 형국이다.

실제로 지난 20여 년간 우리나라의 주력 산업은 변함이 없다. 수출로 먹고사는 나라인데도 상위 10개 수출 품목 중 8개는 30년 전인 1990년대와 동일하다. 한국 전체 수출의 16퍼센트 정도를 차지하는 1위 품목 반도체를 비롯해 자동차·조선 등 상위 3개 품목이 전체 수출품에서 차지하는 비중은 약 40퍼센트까지 확대돼 쏠림 현상이 더 심화했다. 한국을 겨냥한 트럼프발 관세 폭탄이 터지기 전부터, 한국 경제에는 26년 만에 최대 자영업자 도산, 건설사 폐업, 수출 위기 같은 어두운 그림자가 커지고 있다.

많은 국민이 '정말 그런가?'라 하며 답답한 현실에 고개를 끄덕이면서 걱정하고 있다. 동시에 현재와 미래에 대한 패배 의식이 우리 사회 일각에서 고개를 들고 있다. 눈을 크게 떠 보면 지금 우리는 대한민국 경제의 운명을 좌우하는 변곡점 같은 시기에 들어서 있다.

미국·소련 간의 냉전보다 더 어렵고 더 복잡한 미국·중국 간의 신냉전 패권 전쟁이 벌어지고 있다. 한국이 미중 가운데 어느 쪽을 선택하느냐에 따라 우리의 국운이 크게 달라질 수 있다. 대한민국 정부 수립 이래로 많은 원조와 지원을 해준 '산타클로스'이자 자비로운 '경찰관' 같았던 미국이 '아메리카 퍼스트'와 'MAGA'를 내걸며 달라진 것도 한국에 커다란 부담이다.

'다시 성장'을 위한 전략

'KOGA'로 2045년에 1인당 소득 10만 달러

이와 동시에 펼쳐지는 글로벌 공급망 재편 움직임과 급속한 디지털 기술 발전에 따른 디지털전환digital transformation, 인공지능화AI-zation라는 거센 폭풍우도 밀려오고 있다. 이런 변화에 기민하게 대응하며 주도하는 나라가 되는 것과 기회를 놓쳐 몇 걸음 뒤처진 후발 주자가 되는 것은 국가 전체에 하늘과 땅만큼의 차이를 낳는다.

안에선 경제성장에 대한 열정이 식고 바깥에선 변화의 태풍이 몰려오는 내우외환의 위기를 대한민국호가 맞고 있다. 이런 위기 앞에서 걱정만 하고 패배 의식에 사로잡혀 있을 수만은 없다. 오히려 절망적 상황을 기회로 삼아 분연히 일어나 미래를 개척하는 지혜와 용기를 발휘해야 한다.

그래서 지금 상황에선 '다시 성장이다KOGA'라는 국가적 화두를 제시하고자 한다. KOGA는 도널드 트럼프 대통령의 국정 구호인 MAGA를 닮은 측면도 일부 있다. KOGA의 핵심 메시지는 올해부터 매년 3퍼센트의 실질 경제성장률과 5퍼센트 경상성장률(실질 경제성장률에 물가상승률 포함)을 지켜 내 광복 100주년이 되는 2045년까지 1인당 국민총소득GNI 10만 달러를 달성하자는 것이다.

당장은 꿈같은 얘기일 수 있겠지만 희망 섞인 기대와 목표를 비전으로 정교하게 만들어 반드시 실행하도록 해야 한다. 과감한 산업정책과 규제개혁, 세금 정책, 과감한 재정투자, 금융 활성화, 노동개혁, 최첨단 기술 연구개발 등을 강력하고 효과적으로 편다면 '경상성장률 5퍼센트 달성을 20년 동안 지속함'으로써 KOGA

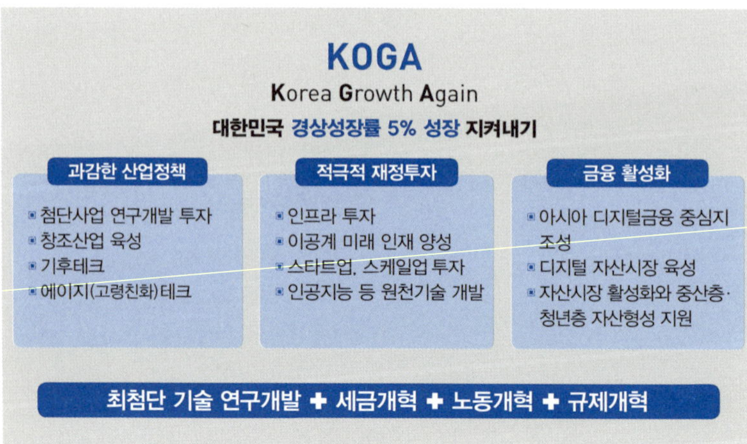

의 목표를 이뤄 낼 수 있다고 나는 확신한다. 이는 미국, 중국과 어깨를 나란히 하는 G3 코리아를 향한 우리의 국가 비전과도 연결된다.

세계은행 집계에 따르면 한국의 2024년 1인당 국민총소득은 3만 6,624달러로 세계 29위다. 이는 종합 국력 세계 1위인 미국(8만 300달러, 6위)의 45.6퍼센트 수준이다. 지금부터 20년 동안 경상성장률을 연 5퍼센트로 유지할 수 있는 '대한민국 대개조' 국가전략을 체계적으로 추진해 2045년 1인당 국민총소득 10만 달러에 이르는 명실상부한 선진국 대열에 진입하자는 얘기다.

그러려면 한계에 봉착한 기존의 국가 발전 전략을 전면 개조하는 발상의 전환이 필요하다. 현재 수도권 1극 중심의 국가 운영체제를 싱가포르 규모의 5개 지방 초광역권으로 분산하여 5개의 성장동력 경쟁 체제로 전환해야 한다. 소프트파워를 경시하는 하드파워 중심의 낡은 성장 모델, 극단적 대립과 악성 팬덤에 발목 잡힌 정치도 혁파해야 한다.

세계적 IT 강국 만든 30여 년 전 성공 경험

다행히 우리에게는 30여 년 전 세계 최초로 최강의 정보기술IT 인프라를 만들며 세계 최고 IT 강국을 성공적으로 일궈 낸 경험이 있다. 1990년대 초반 정보화라는 거대한 파도가 형성되기 시작할 무렵, 우리 선배들은 기민한 판단과 전략적인 대응으로 정보산업의 우위를 선점했다. 이로써 우리나라에 혁신 분야의 글로벌기업이 태어나고 성장할 수 있는 토대가 마련됐다.

이런 쾌거는 김영삼 정부 당시 관료와 기업인, 언론이 미국 클린턴 행정부가 개념적으로 제시한 '정보 고속도로Information Super Highway' 구상을 접하고 그냥 흘려보내지 않음으로써 가능했다. 이들은 재빨리 그리고 전폭적으로 미국의 구상을 수용하고 소화해 '산업화는 뒤졌지만 정보화는 앞서자'는 구호를 만들었다. 이어 정부와 기업, 언론이 하나가 돼 정보화 물결을 범국가적 차원에서 주도했다.

이들은 체신부를 없애고 세계 최초로 정보통신부를 신설하면서 관련 규제를 파격적으로 폐지했다. 한국통신을 민영화하고 통신서비스를 자유화해 민간기업이 뛰어들도록 환경을 조성하고 기술개발과 인프라 구축과 관련한 온갖 규제를 완화했다.

이를 통해 경제협력개발기구OECD 회원국 중 인터넷 연결률 1위, 초고속 무선인터넷 보급률 1위 등 최고 수준의 IT 인프라를 빠르게 갖추어 나갔다. 또한 이를 기반으로 휴대전화, 반도체, 각종 소셜네트워크서비스, 전자상거래, 엔터테인먼트 등 한국 경제를 선진국 대열로 이끈 산업들이 속속 등장해 발전할 수 있었다.

1인당 10만 달러 국민소득 달성을 목표로 우리는 다시 한번 30여 년 전 선배들의 열정과 의지, 단합된 힘을 바탕으로 한 성공 경험을 재현해야 한다. 그 연장선상에서 한국이 강점을 가진 산업 분야에 인공지능을 접목·결합하는 인공지능화를 본격화해 21세기에 글로벌경쟁력이 있는 고부가가치산업으로 업그레이드해야 한다.

첨단기술이 장착되지 않은 구형舊型 제조업으로 KOGA를 성취하려고 하는 것은 '나무에 올라가 물고기를 잡으려는연목구어, 緣木求魚' 격이나 다름없다. 고부가가치산업과 첨단 제조업 육성 그리고 이를 위한 연구개발 투자와 기초과학 기술 배양에 기업과 정부는 최우선 노력을 기울여야 한다.

'문제해결형 서비스 정부'로 변신해야

이 과정에서 정부의 역할이 혁명적으로 달라지고 바뀌어야 한다. 산업과 경제성장을 주도하는 핵심 주체인 기업들이 국내외에서 마음껏 뛸 수 있도록 전방위로 도와주는 것이 정부의 가장 큰 존재 이유이다.

그런 점에서 나는 대한민국 정부가 '서비스 정부', 특히 난제를 풀어 주는 '문제해결형 서비스 정부'가 돼야 한다고 믿는다. 이를 제대로 실행하기 위해 정부 부처 안에 '기업성장 부총리'라는 직위를 신설해서 기업의 성장을 적극 지원하고 이를 방해하는 각종 규제를 혁파하고 해소하는 일을 전담하도록 해야 한다.

사실 기업은 아주 초기 창업 단계의 스타트업부터 기업 가치 1조 원 대의 유니콘unicorn이 될 때까지 고비 고비마다 많은 어려움과 장애물에 맞닥뜨리게 된다. 행정적인 문제, 각종 세제稅制상의 애로는 물론 연구개발, 인재 공급 및 양성, 판로 개척, 관련 생태계 조성처럼 기업의 역동적인 성장과 직결되는 요소들이다. 정부는 단계마다 기업들에 물꼬와 숨통을 터 주는 역할을 충실히 수행해야 한다.

이는 곧 기업을 옥죄고 가로막는 규제를 없애고 완화하는 규제 혁파의 수문장 역할이다. 정부는 이 역할을 최고의 임무로 삼아야 한다. 21세기 현대사회에는 복잡 다양한 이해관계자들의 등장으로 말미암아 20세기 산업화 시대에선 상상도 하지 못한 규제에 신산업의 출현과 성장이 가로막히는 사태가 속출하고 있어서다.

특히 인공지능AI, 빅데이터, 블록체인 등 디지털 혁신에 기반한 신산업은 기득권 이익 집단의 강한 저항과 이들에 영합하는 정치권의 규제가 강고하게 결합해 규제 혁파가 즉각 이뤄지지 않으면 태동 단계부터 힘을 잃고 주저앉는다. 세계 100여 국이 하는 승차공유서비스 '우버' 영업이 한국에선 금지된 게 실증적인 사례이다.

이를 우회하는 사업 모델로 개발된 차량호출서비스 '타다'는 회원이 170만 명을 넘어설 만큼 호평을 받았지만, 택시 업계가 반발하자 정치권이 금지법을 만들어 사업을 원천 봉쇄했다. 중국에서도 보편화된 원격의료가 한국에선 의사 단체의 저항에 발목이 잡혔다. 변호사와 사건 의뢰인을 인터넷으로 연결해 주는 서비스는 변호사 단체가 숨통을 죄고 있다. 반값 부동산 수수료를 앞세운 부동산 중개 플랫폼은 공인중개사 단체에 의해 제동이 걸렸다. 반도체 연구 인력의 주 52시간 근무제 예외 적용은 노조 반발로 좌초됐다.

그 결과 기업 가치 1조 원이 넘는 유니콘기업 가운데 글로벌 최상위 100개사의 비즈니스 모델 중 57개는 한국에서 창업조차 할 수 없다. 공유숙박, 승차 공유, 원격의료, 드론, 로보택시 등이 한국에선 '그림의 떡'일 뿐이다.

글로벌 최상위 100대 유니콘기업 가운데 한국 기업이 1개뿐인 것도 이런 규제 환경 탓이 크다. 규제 자체가 적거나 정부가 규제 타파에 적극적인 미국(59개), 중국(12개), 영국(7개), 인도(6개)와 큰 차이가 나는 것이다. 이 같은 규제 천국 상황에서 어떻게 KOGA를 통한 1인당 국민소득 10만 달러 달성이 가능하겠나?

기업성장 부총리와 규제 철폐 전담 부처 신설

과도한 규제로 말미암아 우리나라는 줄잡아 연간 수십조 원의 경제적 손해를 보고 있다. 황당한 규제 환경은 혁신 감퇴를 낳는다. 이는 다시 소비자 피해로 이어져 미래 세대의 부와 기회 박탈을 초래한다. 따라서 규제와의 전쟁, 즉 규제개혁은 일회성으로 정권 초에만 할 일이 아니다. 아예 상설 기구화해서 조직을 만들어 일관되고 확고하게 지속적으로 대응해야 한다.

방식도 정부가 아니라 민간 전문가들에게 맡겨 민간이 주도하도록 해야 한다. 서울시는 이미 민간 전문가들로 위원회를 가동 중이지만 정부 차원에서 '신산업 규제 혁신위원회'를 구성해 상시 가동해야 한다.

국무조정실의 규제조정실과 한국개발연구원KDI 규제연구센터, 한국행정연구원 규제연구센터 등을 모두 통합해 '불합리한 규제를 상시 철폐하는' 상설 기구를 시스템화해야 한다. 다시 말해서 하나의 부처 수준으로 규제개혁위원회를 상설화해야 한다. 그렇지 않으면 정권 초마다 '규제개혁'을 외치다가 얼마 후 거품처럼 사라지는 과거 패턴을 반복할 공산이 높다.

규제 관리 방식도 '우선 허용·사후 규제'라는 네거티브 심사 방식을 도입해야 한다. 구체적으로는 국제 수준에서 규제의 최소성 원칙을 적용해야 한다. 신산업별로 기준 국가를 선정해서 그 나라 수준과 비슷한 정도로 목표를 정해 놓고 규제 철폐를 실행한다면 상당한 효과를 볼 수 있을 것이다.

기업성장 부총리와 상설화된 규제 철폐·개혁 관련 부처가 힘을 합쳐 치열하고 집요한 노력을 기울여야 한다. 그러한 움직임이 지속될 때, 규제의 덫이 곳곳에서 사라지면서 닫혔던 기업들의 혁신과 성장의 문이 열리고 한국 기업 중 글로벌 대기업도 생겨날 것이다.

기업가정신 자극 위한 세제 개편

또 하나 KOGA의 성공을 위해서는 기업가정신의 발현을 가로막는 불합리한 세금 구조를 고쳐야 한다. 무엇보다 비정상적 세금이 너무 많다. 국세청 국세통계연보를 보면 2013년 당시 1조 3,629억 원이던 우리나라 상속세액은 2022년에 19조 2,603억 원으로 급증했다. 증여세액은 같은 기간 4조 1,295억 원에서 8조 4,032억 원으로 눈덩이처럼 늘었다.

이는 한국 경제 규모가 커진 데다 경제력을 가진 인구가 고령으로 접어들면서 상속과 증여를 늘리는 게 일차적 이유이다. 하지만 합리적인 부의 상속과 계승을 봉쇄할 정도로 상속세와 증여세 세율이 과도하게 높은 점도 빼놓을 수 없는 이유이다. 경제협력개발기구 회원국을 통틀어 최고 수준인 상속세율로 인한 폐해가 너무 많다.

천문학적인 상속증여 자금을 확보하기 위한 부당거래가 횡행하고 의도적으로 해당 기업의 주가를 낮추는 코리아 밸류 다운value down도 만연해 있다. 높은 상속세 부담으로 인해 기업 경영권 상실을 우려하는 방어 심리가 퍼지고 기업가정신이 침체되는 것도 마이너스 효과이다.

경제 활성화와 KOGA의 성공이라는 각도에서 볼 때, 높은 상속·증여세율을 하루빨리 바로잡을 필요가 있다. 베이비붐세대의 은퇴 등을 계기로 고령자 숫자와 상속·증여가 동시에 가파르게 늘어나고 있다. 이런 상황에서 생산·소비·투자 부문으로 흘러가야 할 자금이 은행 등 금융기관에 묶여 있다. 과도한 상속·증여세를 납부해야 한다는 부담에서다.

시니어 계층에 묶여 있는 자산을 자녀나 손자녀들에게 증여할 수 있도록 사회적 분위기를 바꾸어야 한다. 사전事前 증여를 대폭 장려해 초중고교와 대학의 교육비나 창업 및 결혼 비용 같은 방법으로 세대 간 자산 이전移轉·승계를 원활하게 하는 방식이 있을 수 있다.

이런 방식을 활성화하면 국내 소비와 투자 여력을 확대하고 생산적인 경제활동 활성화에 도움이 될 것이다. 상속세 과세 방식도 상속재산 전체를 기준으로 한 유산세 방식이 아니라 개별 상속인이 상속받은 재산을 기준으로 한 유산취득세 방식으로 현실화해야 한다.

사상 최악 출생률 해결을 위해 소득세 활용

세계적으로 사상 최악 수준의 저출생이 10년 넘게 계속되는 우리나라에서 세금이 아무 역할을 하지 못하고 있는 점도 아쉽다. 일례로 우리나라에서 혼자 사는 1인 가구와 4인 가구 간의 소득세 실효세율 격차는 1.7퍼센트로 경제협력개발기구 회원국 가운데 최하위 수준이다. 독일(17.1퍼센트), 미국(11.1퍼센트), 프랑스(6.7퍼센트), 캐나다(3.2퍼센트) 등의 소득세 실효세율 격차는 한국 대비

2~10배 정도 높다.

이들 4개국은 1인 가구에 높은 소득세 세율을 부과하여 독신자 또는 무자녀 가정에 세제상의 불이익을 주고 있다. 일례로 프랑스의 출생률은 1.8명으로 선진국 가운데 최상위 수준이다. 한때 최악의 저출산 국가였던 프랑스가 이렇게 반전한 중요 원인 가운데 하나는 다자녀 가족에 유리한 가족 친화적 소득세 제도이다.

한국보건사회연구원 자료를 보면, 연봉 1억 5천만 원을 받는 프랑스 독신자가 내는 소득세는 3,156만 원인 반면, 1자녀 또는 2자녀 가족을 가진 직장인은 1,881만 원, 1,667만 원으로 크게 낮아진다. 그러나 한국은 동일한 연봉을 받는 직장인이 독신(3,156만 원)으로 있을 때와 1자녀(3,036만 원), 2자녀(2,968만 원)일 때 거의 차이가 없다.

인구가 경제성장에 긴요한 자원이라는 점을 감안할 때, 우리나라도 세금(소득세)을 저출생 같은 사회·경제적 문제를 해결하는 도구이자 지렛대로 적극 활용해야 한다.

거듭 강조하지만 지금부터 20년 후인 2045년에 1인당 국민소득 10만 달러라는 KOGA의 비전을 달성하려면 정부의 역할이 전면적인 기업 지원으로 바뀌어야 한다. 수도권과 충청권, 호남권, 대구 경북권, 부산 경남권 등 싱가포르 규모의 5대 초광역 경제권 단위로 성장동력 경쟁도 일어나야 한다. 아울러 한국 경제의 혁신을 가로막고 짓누르는 과도한 규제와 비현실적인 세금 구조는 우리 스스로 눈을 찌르는 자해 행위이다. 이 두 가지를 고쳐야 경제적 야성과 활력이 되살아날 것이다.

재정·금융·노동·기술 정책도 일관되게

앞서 언급한 노력은 환경 조성 단계일 뿐이다. 앞으로 20년 동안 우리나라를 꾸준히 먹여 살릴 산업군을 발굴하고 키워 나가는 산업정책과 더불어 과감한 재정투자, 금융 활성화, 노동개혁, 최첨단 기술 연구개발 등을 함께 펼쳐야 한다.

우선 신성장 미래산업에 적극적인 재정투자가 필요하다. 산업재편에 필요한 국가 인프라 구축, 미래 인재 양성 투자, 스타트업과 스케일업 투자, 최첨단 기술 연구개발 등에 보다 과감하게 국가재정을 집중투자해야 한다.

국가 인프라 구축이 절실한 사례로는 안정적인 전력 공급을 위한 송전탑 등 전력 기간망 재구축, 인공지능 GPU 부족 문제를 해결하기 위한 국가 인공지능 컴퓨팅 센터 설립, 국가 인공지능 클라우드 구축, 신약 개발을 위한 바이오뱅크와 유전체 데이터베이스 구축 등을 들 수 있다. 또 보스턴 바이오클러스터처럼 네트워킹하며 집단지성을 활용할 수 있고 다양한 파트너십이 활성화될 수 있는 수평적이고 개방적인 생태계를 조성하는 데 필요한 산업특화 생태계 기반의 메가 클러스터를 구축해야 한다.

대학의 신산업 분야 인재 양성 기능을 정상화하고 해외 고급 인력을 보다 적극적으로 유치하는 정책은 물론 초중등 교육부터 창의성 교육 및 융합적 사고를 배양할 수 있도록 교육시스템을 재구축하고, 고용유지, 취업 중심 고용, 교육정책을 미래 혁신 성장을 이끌어 갈 인재 양성 중심으로 전환하는 등 전방위적인 투자가 이루어져야 한다.

국가를 번영하게 하는 것은 결국 기업과 기술이다. 글로벌 혁신 경쟁 시대에 국가경쟁력을 결정하는 핵심 요인인 기업가정신을 키우고, 스타트업과 스케일업에 투자하여 선도형 혁신 성장을 이끌 혁신 주체를 양성해야 한다. 인공지능 등 원천기술에 대한 개발 투자와 더불어 원천기술 기반의 신산업도 키워 나가야 한다.

다음으로 제조업과 금융업은 경제를 굴려 가며 번영을 만들어 가는 2개의 핵심축이다. 세계 6위의 대도시로 꼽히는 서울과 금융 도시를 지향해 온 부산을 글로벌 디지털금융 중심지로 육성해 독일의 프랑크푸르트와 베를린처럼 지역적으로 특화된 '국제 금융허브 코리아', '아시아의 디지털금융 중심지 한국'을 만들어 나가자.

금융 활성화를 위해서는 무엇보다 가상자산산업에 대한 '금지 및 방관'의 정책 기조를 '적극적인 규제를 통한 육성'으로 전환해 우리나라도 미국 수준의 디지털 자산에 대한 법적 근거를 마련해야 한다. 중산·서민층의 자산 형성 지원과 부동산으로만 자금이 몰리는 문제를 완화하기 위해 해외 상장주식 거래에 대해 국내 상장주식 거래와 동일하게 양도차익 분의 세금을 부과하지 말아야 한다.

동시에 MSCI 선진국지수 편입, 상속세 부담 완화, 대주주를 제외한 일반 주주의 배당소득에 대한 분리과세 도입, 장기투자 시 추가 세제 감면, 개인종합자산관리계좌ISA 비과세 한도 확대, 의무공개매수 제도 도입 등 소액주주를 보호하는 조치와 상장기업 밸류업 지원 등 국내 증시 활성화 방안도 필요하다.

무엇보다도 이러한 혁신의 불길이 타오를 수 있도록 우리 경제의 난제인 노동개혁을 단행해야 한다. 환자가 약 대신 설탕물을 계속 먹음으로써 생겨난 1퍼센트대 저성장의 어리석음을 더 이상 반복해선 안 된다.

노동개혁은 개혁 의제별이 아니라 종합적인 연계 패키지로 점진적으로 추진해 나가야 한다. 노동시장의 이중화로 정규직과 비정규직 간 고용보호의 격차가 너무 큰 만큼, 이를 완화하는 정책을 고용안전망을 강화하는 정책과 동시에 추진할 필요가 있다. 공공부문과 대기업부터 연공급年貢給을 줄이고 직무급과 성과급의 '혼합형 임금체계'를 도입해 요즘 젊은 세대가 공정하다고 느끼는 방식으로 바꿀 필요가 있다. 근로시간도 산업별·직무별·직종별 특성을 반영하여 노사 자율에 의한 유연한 노동시간 제도를 도입하는 것이 근로자와 기업 모두에 여러 이점을 제공할 수 있다.

마지막으로는 미래를 만들어 가는 인공지능이라든가, 양자컴퓨팅을 비롯한 양자산업, 그리고 핵융합에너지 문제를 해결하기 위한 핵융합이나 우주산업까지 우리나라의 10년 내지 30년 후를 먹여 살릴 산업군을 키워 내는 초격차 기술에 대한 연구개발 투자에도 부족함이 없어야겠다.

대한민국을 퀀텀점프시키는 KOGA가 시대정신

한국인의 창의성은 세계적이다. 1999년 카이스트KAIST 졸업생들은 미국 페이스북(메타의 전신)보다 먼저 싸이월드라는 소셜미디어를 만들었다. 페이스북처럼 글로벌 소셜네트워크서비스 매체로 대중화, 상업화하는 기회를 놓쳤을 뿐이다. 세계에서 유일한 우리나라 전세傳貰 제도는 산업화를 촉진한 비밀 병기였다.

우리 국민의 잠재력은 엄청나다. 정부가 큰 틀의 방향을 잘 잡고, 도전을 통한 성취에 정당한 보상이 주어진다는 믿음이 퍼지면 한국 경제는 다시 성장할 수 있다. 정당한 노력과 성과에 확실한 '인센티브'를 줄 때, 대한민국 전체에 활력과 생동감이 폭발할 것이다.

이것이 한국의 생존 공식임을 인식하고 그 실현에 매진할 때,

'다시 성장하는 대한민국'은 꿈이 아니라 현실이 될 수 있다. 2025년부터 앞으로 10~20년이 코리아의 부흥 또는 쇠락을 좌우할 골든타임이다. 이 시기에 어떤 비전을 가진 지도자가 한국을 이끄느냐가 정말 중요하다. 3만 달러 시대를 박차고 일어나 5만, 10만 달러 시대를 활짝 열며 '퀀텀점프' 시키는 것이 대한민국의 비전이자 시대정신이다.

2장

핵심산업 4+5+2

과감한 산업정책의 필요성

'다시 성장하는 대한민국KOGA', '2045년 1인당 국민소득 10만 달러'라는 목표를 이루는 첫걸음은 우리나라를 10~20년 동안 먹여 살릴 핵심산업을 키우는 일이다. 여기서 금융 부문도 중요하지만 핵심은 제조업과 신기술산업 분야다. 제조업과 신기술산업에서 많은 인력을 고용하고 기술 수준에 따라 글로벌 패권과 각국 간의 우열 구조가 극명하게 엇갈리기 때문이다.

지금 우리나라의 산업은 대전환기에 놓여 있다. 세계 10위권의 경제대국으로 성장하는 기둥 역할을 해온 주력 산업들이 심각한 도전을 받고 휘청거리고 있어서다. 미국 트럼프 2기 행정부가 내건 MAGA와 중국 시진핑 정권의 중국몽中國夢은 한국 성장의 터전이던 글로벌 자유무역 체제를 붕괴시키고 있다.

미국과 중국의 국정을 맡은 수뇌부가 각기 내건 국가 목표와 노선은 자유무역의 기틀인 세계무역기구WTO 체제의 존재 기반을 뿌리째 흔들고 유명무실한 존재로 형해화形骸化하고 있다. 이안 브레머Ian Bremmer 박사가 설파하는 대로, 자국 국익을 최우선시하는 '각자도생Nation for Itself'의 시대가 앞으로 20~30년 동안 펼쳐질 게 거의 확실하다.

이것만이 아니다. 갈수록 심화되는 글로벌 공급망상의 갈등과 경쟁, 자원과 에너지 확보 전쟁은 20세기 국제사회에서 우호국과 적성국의 경계를 무의미하게 만들고 있다. 희토류와 반도체, 이차전지 등에 필수적인 핵심 자원과 소재, 부품을 중국과 일본 등에 의존하고 있는 우리나라 산업도 위험하다. 중국을 위시한 나라들이 정치·군사적 이슈와 맞물려 한국에 공급을 차단할 경우, 대한민국 산업은 치명타를 입게 된다.

20세기에는 정치, 군사, 안보와 경제, 무역, 통상이 분리됐었다. 그러나 21세기 들어 미중 신냉전이 본격화되면서 안보와 경제·통상 간의 경계선이 사라지고 서로 중첩되고 있다. 우리나라도 이제는 경제 문제를 안보적 관점에서 바라보고 대책을 세우는 경제안보economic security에 철저하지 않을 수 없는 시대이다.

세계 1~3위를 질주하던 우리나라 주력 8대 산업은 중국의 추격 공세에 속속 굴복당하고 있다. 한국경제인협회(옛 전경련)가 2024년 11월, 최근 10년간 한국 8대 주력 산업의 세계 수출 시장 점유율을 분석한 결과가 이를 보여 준다. 한국은 지난 10년간 반도체, 조선, 철강 등 7개 부문에서 중국에 수출 점유율을 추월당하거나, 선두 중국과의 격차가 따라잡기 어려울 만큼 크게 벌어졌다. 석유화학 부문에서만 1퍼센트포인트 수준의 선두를 간신히 지켰다.

석유화학 부문도 2024년에 일부 대기업이 수천억 원의 적자를 내면서 관련 산업 전체에 빨간불이 켜졌다. 중국을 필두로 베트남과 중동 등이 저가 석유 화학제품을 대거 공급하고 있기 때문이다. 획기적인 기술혁신이나 신속한 구조조정이 단행되지 않는다면, 우리나라 석유화학 업종도 미래를 장담하기 어려운 실정이다.

대한민국호를 견인해 온 3대 첨단 전략산업인 반도체, 디스플레이, 이차전지 부문은 2013년만 해도 중국의 세계 시장 수출 점유율이 한국의 두 배 수준이었다. 그러나 10년 새 이 격차는 적게는 세 배에서 많게는 여덟 배 수준까지 크게 벌어졌다. 이는 중국의 수출 점유율 성장 속도가 빠른 데다 한국이 기술혁신 등에 게을렀기 때문이다.

한국이 우위였던 선박과 자동차 수출은 10년 새 중국에 추월당했고 중국의 저가 공세에 시달리고 있는 철강은 중국과 점유율 격차가 10퍼센트포인트 넘게 벌어지며 생존 위기에 처했다. 거의 모든 산업 분야에서 한국은 '중국 블랙홀' 영향권에 들어섰다. 이런 흐름을 반전시키지 못한다면 중장기적으로 대한민국은 중국의 하청 국가 신세로 전락해 독자적인 산업의 존립 자체가 불가능해질 수도 있다.

더욱이 1992년 정식 수교 이후 30년 동안 한 해도 빠짐없이 무역흑자를 올리던 중국 시장은 2023년부터 한국에 무역적자를 안겨 주는 곳으로 돌변했다. 미국을 100으로 했을 때, 2023년부터 중국의 과학기술 수준은 한국을 계속 앞서고 있다. 인공지능과 양자, 핵융합에너지, 우주항공 같은 분야에서 중국이 천문학적으로 자금과 인력을 쏟아붓는 것을 보노라면 한국의 미래에 대해 답답함을 넘어 암담함마저 느끼게 된다.

하지만 실의에 빠져 낙망하고 있을 때가 아니다. 우리는 IMF 외환위기 직후 선진국과 신흥 개발도상국 사이에 끼인 상황에서 '역逆 넛크래커Nut Cracker' 발상으로 위기를 돌파하고 중진국에서 선진국 문턱으로 진입했다. 이후 산업구조조정과 혁신 기반 구축, 수평적 협력 기반의 비즈니스 발전 모델로 개편하지 못해 선도형 혁신 경제first mover로 대전환을 이루지 못한 것은 아쉬운 실책이다.

늦었다고 생각할 때가 오히려 빠른 때다. 세계적인 디지털전환과 인공지능 혁명, 탄소중립, 글로벌 공급망 재편, 산업구조 급변 등을 기회로 만들겠다는 역발상과 의지를 행동으로 옮겨야 한다. 그래야 대한민국이 '다시 성장'하며 나라와 경제 전체가 우상향할 수 있다.

4대 첨단산업

그렇다면 우리는 무엇을, 어떻게 해야 하는가. 대한민국 경제를 이끌어 갈 핵심산업의 육성 전략을 본격적으로 짜야 한다. 나는 큰 그림에서 '4대 첨단산업'과 '5대 창조산업', '2대 테크'의 육성 발전 전략을 제시한다. 이른바 '4+5+2 핵심산업' 육성 전략이다.

여기서 4대 첨단산업은 인공지능, 바이오, 핀테크, 로봇 분야이다. 그리고 5대 창조산업은 XR, 웹툰·웹소설·애니메이션, E-스포츠, 게임산업, 영상·미디어 분야이다. 이 다섯 가지는 서울시장으로 재임하면서 오래 생각하고 구상하며 실천 방안을 모색해 온 것이다. 마지막으로 '2대 필수테크'가 있는데 기후테크와 에이지age 테크이다.

전체적으로 한국의 미래산업을 체계적으로 키울 대혁신 전략이다. 첫 번째이자 가장 중요한 4대 첨단산업을 어떻게 성공과 발전의 길로 안착시키느냐에 따라 앞으로 20~30년 대한민국 미래 세대의 삶이 달라질 것이다.

인공지능

4대 첨단산업의 최우선 분야는 인공지능 분야이다. 미국, 중국, 프랑스 등을 중심으로 세계적 강대국들이 이미 불꽃 튀는 경쟁을 벌이는 곳이다. 글로벌 인공지능 시장 규모는 2030년까지 약 1조 8천억 달러(약 2,400조 원)까지 성장할 것으로 전망된다.

이 분야를 주도하는 대열에 우리가 들지 못하면 상당 부분 경제·안보·문화적 종속을 피할 수 없다. 인공지능 분야에서 초격차 기술 선점이 국가 생존과 직결되는 상황인 것이다. 나는 우리나라가 미국, 중국에 이은 '인공지능 3대 강국'이 되겠다는 국가 차원의 목표를 정하고 여기에 역량을 집중해야 한다고 본다.

이와 관련해 윤석열 정부는 2024년 하반기에 '국가 인공지능 전략 정책방향'을 내놓았다. 서울시도 2025년 2월 'AI Seoul 2025' 행사를 가졌다.

산업통상자원부의 'AI 자율제조 얼라이언스'(2024년 7월 22일)를 제외하면 국가적 차원의 인공지능 대책은 턱없이 빈약하다. 현실을 보면 갈 길도 멀다. 무엇보다 기업 간 인공지능 활용에서 편차가 크다. 2023년 현재 '기업의 인공지능 활용률'은 31퍼센트에 불과하다. 중소기업의 활용률은 대기업 대비 60퍼센트 정도다. 지역별 격차는 더 심해 비수도권 기업은 18퍼센트로 수도권 기업의 절반을 밑돈다.

우리나라의 인공지능 전문 인력은 2023년 기준으로 3천 명에 못 미친다. 미국, 중국의 10분의 1 수준이다. 이를 해결하기 위해 기업 중심의 '아카데미' 설립과 같은 방안이 나왔지만 정부 차원의 총체적 접근은 아직 없다. 대학생 또는 기업 재직자, 인공지능-

코어 또는 인공지능-X 담당 등으로 교육 수요자를 파악하고 제조업과 금융업 등 기업 특성에 따른 교육 커리큘럼부터 다르게 해야 한다.

고성능 인공지능 클라우드 인프라가 부족하여 연구개발 비용이 많이 들고, 이로 인해 초거대 인공지능, 생성형 인공지능 연구개발에 어려움을 겪는 것도 해결해야 할 과제다. 챗GPT, 제미나이 클라우드 등 해외 초거대 인공지능 모델과 겨룰 수 있는 경쟁력을 확보해야 인공지능과 제조업, 의료, 금융, 국방 분야의 융합이 가능하다. 또한 인공지능 기반의 스마트팩토리, 자율주행, 인공지능 의료 진단 등도 발전할 수 있다.

교육 수요자와 기업 특성에 따라 다양한 인공지능 교육 커리큘럼을 제공하고, 학점과 학위 인증을 맞춤형으로 추진하는 '산학연 인공지능 아카데미'를 교육부·산업통상자원부·중소기업벤처부 공동으로 기획 운영하는 방안을 검토할 필요가 있다. 중소기업과 비수도권 기업을 대상으로 인공지능기술 지원을 우선 추진하는 '산학연 인공지능 얼라이언스' 출범도 서둘러야 한다.

인공지능 반도체 개발 펀드를 조성하여 팹리스 기업과 연구기관에 장기 연구개발 자금을 지원하고, 국가 인공지능 클라우드를 구축하여 대학과 스타트업을 지원해야 한다. 또한 '인공지능과 산업 융합 연구센터'를 세워 인공지능과 제조, 인공지능과 의료, 인공지능과 국방 등 특화 연구소를 개설하고 생성형 인공지능·오픈

소스 인공지능 플랫폼 확충을 서둘러 추진해야 한다.

이런 절박한 환경에서 나는 2025년이 대한민국이 인공지능 3대 강국으로 도약할 수 있는 골든타임이라고 판단하여 '글로벌 인공지능 혁신 선도 도시, 서울'이라는 비전을 선포했다. 그리고 이를 위해 인공지능 3대 강국에 진입하기 위한 7대 핵심 전략과제를 추진하고 있다.

우선 서울시 내 25개 청년취업사관학교와 캠퍼스타운 창업기업, 라이즈RISE 사업 연계 등으로 매년 1만 명의 인공지능 인재를 양성하고 있다. 인공지능 스타트업의 성장을 지원하기 위해 인공지능 허브를 운영하고 있으며, 2027년까지 현재보다 열 배 확장한 연면적 27만 제곱미터의 서울 AI 테크시티를 양재 AI 혁신지구에 조성하는 작업을 진행하고 있다.

이곳은 기업과 국내외 연구기관, 대학 등이 함께 협업하는 명실상부한 인공지능 핵심 거점이 될 것이다. 또한 인공지능 기업을 육성하기 위해 2025년부터 인공지능 펀드 5천억 원을 신규 조성하고 인공지능기술 개발에 필수인 GPU 인프라 지원도 늘릴 예정이다.

이와 함께 서울시는 오픈AI, 마이크로소프트, 구글, 아마존 등 글로벌 빅테크 기업과 MIT, 몬트리올대, 인도 델리공과대 등 인공지능 분야 선도 대학 및 연구기관과 협력하고 있다. 이를 통해 서울이 인재와 기술이 교류하고 투자가 몰려드는 '글로벌 인공지능 혁신 선도 도시'로 도약을 본격화하고 있다.

바이오

KOGA를 달성하는 핵심 견인차로 바이오를 빼놓을 수 없다. 바이오산업은 경제성장 동력일 뿐만 아니라 고령화 시대를 맞아 건강과 삶의 질 개선 같은 인류의 문제를 해결하는 데 기여하는 분야이다. 그에 비례해 바이오산업의 중요성과 성장잠재력은 거의 무한대에 가까울 정도로 크고 풍부하다.

세계적 연구기관들은 글로벌 의약품 시장이 2028년까지 2조 2천억 달러(약 3,200조 원) 규모로 커질 것으로 전망한다. 우리나라 의약품 시장도 2023년에 전년 대비 5.3퍼센트 증가해 역대 최대 규모(31조 4천억 원)로 성장했다. 하지만 우리나라 바이오산업은 영세한 데다 연구개발 투자 부족으로 글로벌 산업과 경쟁력 격차가 상당하다.

2023년 현재 우리나라의 세계 바이오 시장 점유율은 2퍼센트 수준으로 산업육성을 위한 전략적 접근이 필요하다. 고무적인 것은 우리나라가 처한 여건이 양호해 성장잠재력이 높다는 사실이다.

무엇보다 서울에는 아산병원, 삼성병원, 서울대병원 등 '한국 5대 병원'이라고 불리는 세계 수준의 병원이 자리 잡고 있다. 이 5개 병원을 중심으로 신약 개발과 임상시험이 활발하게 이뤄져 서울은 이 2개 분야에서 세계 1위 도시로 자리 잡았다.

바이오 및 유관 산업의 본사가 주로 서울에 위치해 연구개발과 해외 진출 등에 유리한 것도 강점이다. 우리나라 전국 병원의 24퍼센트(2만 3,910개), 상급종합병원의 31퍼센트(14개)가 서울에 소재하고 있다.

바이오산업의 폭발적인 성장성은 미국 제약회사 머크MSD가 면역항암제인 키트루다Keytruda 판매만으로 2023년 250억 달러(약 40조 원) 매출을 올린 데서 입증된다. 외국 바이오기업의 성과를 언제까지 부러운 눈으로 바라보고만 있을 건가. 우리도 기업과 정부가 합심해 노력한다면 이런 성과를 언젠가 낼 수 있을 것이다.

우리나라 바이오기업들의 신약 개발과 바이오 원천기술이 미흡하다 보니 신약 제품화 성공률도 낮다. 따라서 임상 단계의 투자를 확대하고 항체, 세포, 유전자 관련 치료제 개발에 대한 장기적인 연구개발 지원을 늘려야 한다.

이와 함께 국가 차원의 바이오뱅크를 포함해 정밀의료 데이터 구축과 유전체 빅데이터와 신약 개발을 위한 바이오뱅크 설립도 추진할 필요가 있다. mRNA 및 합성 생물학 연구, 백신과 차세대 바이오의약품 개발을 위한 원천기술도 확보해야 한다.

그리고 국가 차원에서 '신약 개발 펀드'를 조성해 제약 바이오기업의 신약 개발과 임상 지원의 연구개발 프로젝트를 지원할 필요가 있다. 바이오뱅크와 유전체 데이터 구축 사업은 정밀의료와 신약 개발을 위한 공공 데이터 지원 차원에서 접근해야 한다.

서울시는 바이오산업을 전략적으로 키우기 위해 2017년 10월부터 연구소, 병원, 대학이 밀집한 동대문구 홍릉에 바이오클러스터를 조성했다. 이곳에 2017년 산업 지원동을 시작으로 연구실험동 등을 차례로 개관했으며 2024년 4월에는 바이오·의료 분야 신생기업의 해외 진출을 지원하는 글로벌센터를 추가로 지어 바이오 스타트업을 중점 육성하고 있다.

K-바이오 스타트업의 글로벌시장 개척을 지원하기 위해 나는 2022년 10월 세계적인 바이오산업 생태계의 중심지인 스위스 바젤을 방문해 베아트 얀스Beat Jans 주지사를 만나 양 도시 간 바이오·의료 분야 교류협력 방안을 논의했다. 그 뒤 2024년 말까지 총 15차례 K-바이오 스타트업을 대상으로 바젤 현지 입주 공간·교육·네트워킹 등 프로그램을 제공했으며, 지금까지 여섯 차례 서울 바이오·의료 국제 콘퍼런스를 개최했다.

2024년 7월에는 중국 '5대 제약기지' 중 한 곳인 충칭시 다디 생명과학 단지를 방문해 '서울바이오허브'와 '양강생명과기성'의 업무협약MOU을 체결했다. 나는 2026년까지 모두 1조 3천억 원의 서울 바이오펀드를 조성해 바이오산업을 4차 산업혁명 시대 서울의 핵심 성장동력으로 육성하는 작업을 벌이고 있다.

핀테크

다음은 핀테크산업이다. 금융finance과 기술technology의 합성어인

핀테크가 우리 생활 속으로 들어온 지 한참 됐다. 기존 IT 기술을 금융업에 광범위하게 적용한 핀테크의 전자금융은 은행이나 증권사에 사람이 직접 가지 않고도 여러 금융 투자 업무를 가능케 해준다. 핀테크는 이제 은행 등 금융기업의 보조 수단을 넘어 주식거래와 채권투자 등에도 폭넓게 활용되고 있다.

수년 전부터 IT 기업들이 핀테크 사업에 뛰어들면서 핀테크 금융은 한층 고도화하고 있다. 시간과 장소에 구애받지 않는 유비쿼터스 투자, 편리한 송금과 저축 등으로 다양한 실생활에 응용되고 있다. 전자금융이라는 용어를 핀테크라는 신조어가 대체하고 있다.

인터넷 기반의 금융거래와 텔레뱅킹 등은 최근 핀테크 흐름으로 수렴되고 있다. 서비스 업무 영역을 봐도 단순 송금과 결제서비스부터 대출, 주식거래, 제한과 수수료 없는 송금, 자산관리 등으로 세분화·전문화되고 있다. 네이버페이, 카카오페이 같은 각종 페이pay 월렛이 이에 해당한다.

최근 세계 중앙은행들의 공통된 화두인 '중앙은행 디지털화폐Central Bank Digital Currency, CBDC, 이하 CBDC'도 이와 같은 핀테크 사례다. 블록체인 기반 금융시스템 확대, 인공지능 기반 금융서비스, 관련 연구소 설립 등으로 핀테크산업은 확장하고 있다.

각국의 CBDC 개발 경쟁은 갈수록 치열해지고 있으나 한국에서는 연구가 부족한 게 현실이다. 이런 상황이니 금융권의 블록체인 및 스마트 계약 기술 도입이 지연되고, 금융기업들의 인공지능을 기반한 빅데이터 활용 서비스도 저조한 편이다.

이런 과제를 하나하나 풀어 나가야 한다. 정부가 해야 할 분야는 우선 네 가지 정도로 정리해 볼 수 있다. 첫째, CBDC 연구와 파일럿 테스트 확대로 한국은행 주도의 디지털화폐 실험을 강화해야 한다. 둘째, 블록체인 기반의 금융시스템 개발을 지원하여 디지털 신원인증DID과 스마트 계약 기술에 재정을 적극 투자해야 한다. 셋째, 인공지능 기반의 핀테크 기술 연구개발 지원책으로 금융산업에 인공지능 빅데이터를 활용하는 기업에 연구 지원을 아끼지 않는다. 넷째, 핀테크 보안기술 연구소를 설립하여 금융 보안 및 규제 기술개발에 지원 투자해야 한다.

국가 전반의 부진 속에서 서울시는 세계 주요 도시의 금융경쟁력을 측정하는 대표 지수인 국제금융센터지수GFCI에서 133개 도시 중 2007년 43위에서 2023년 3월 10위로 상승했다. 세계 10위권의 금융 도시로 도약한 것이다. 그 이유로는 세계 최고 수준의 IT 인프라와 규제완화, 여의도 금융클러스터 조성 노력 등이 꼽힌다.

서울시는 특히 디지털 금융산업의 역량을 강화하기 위해 유망 핀테크 스타트업을 발굴하고, 체계적으로 육성하기 위해 여의도에 '서울 핀테크랩'을 조성하여 운영하고 있다. 2024년 기준 총 149개사가 입주해서 677억 원의 매출과 246억 원의 투자금을 유치했다. 이들이 고용하는 인원은 499명이다.

금융과 핀테크 산업의 주요 이슈와 혁신적인 기술을 발굴하고 지속 가능한 핀테크산업의 발전을 목표로 글로벌 네트워킹의 장을 마련하기 위해 '서울 핀테크 위크'를 개최하고 금융 도시 서울의 브랜드를 만들어 가고 있다.

로봇

세계 로봇산업 시장은 2020년부터 2024년까지 연평균 17퍼센트씩 성장해 왔다. 국제로봇연맹International Federation of Robotics, IFR 조사를 보면 2024년 기준 서비스용 로봇 시장 규모는 32억 7천만 달러, 산업용 로봇 시장은 21억 3천만 달러 정도인데 2026년에는 47억 5천만 달러, 26억 6천만 달러로 성장할 것으로 예측한다.

제조 로봇 시장도 우상향 성장을 하고 있다. 국제로봇연맹은 "2024년 19억 7천만 달러 규모에서 연평균 약 8.3퍼센트 성장을 거듭해 2030년에 31억 8천만 달러 규모로 커질 것"이라고 내다봤다.

세계 각국에 설치된 글로벌 산업용 로봇은 2024년 62만 2천 대에서 2025년 66만 2천 대, 2026년에는 71만 8천 대, 2026년부터는 70만 대를 넘어설 것으로 예상된다. 로봇산업은 크게 제조용 로봇, 서비스용 로봇, 로봇 부품과 소프트웨어로 나누어진다.

앞으로 의료용을 포함한 서비스용 로봇 수요가 급증하고, 글로벌 고령화 흐름에 부응해 노인들에게 특화된 제조 로봇 시장도 크게 활성화될 전망이다. 로봇은 제조업 현장과 물류·유통은 물론 의료, 요양·보육, 군사·국방 그리고 치안·보안 서비스 분야에도 도입되고 있다.

일례로 원격 감시가 가능한 카메라 눈을 장착한 로봇 개는 24시간 근무하면서 침입자에 적절한 경고와 물리적 대응을 한다. '건장한 사람 경비원'보다 로봇이 더 완벽한 경비를 한다. 액티브 시니어 또는 신실버층을 위한 휴머노이드로봇 사용은 현실이 됐다. 보행과 움직임 등 일상생활에 어려움을 겪는 고령자들에게 로봇은 아들딸 이상의 효자 노릇을 한다. 진짜 강아지보다 더 발랄한 로봇 애완견을 데리고 한강 변을 산책하는 모습도 늘어날 것이다.

한국이 로봇 분야의 국제 경쟁에서 살아남으려면 제조용 로봇, 서비스용 로봇, 로봇 부품 및 소프트웨어 등 여러 방면에서 잘할 수 있고 경쟁력 있는 분야를 선택해 재정과 인력을 집중 투입해야 한다. 그 바탕 위에서 전문 기술 인력 양성과 공공 펀드 조성 등을 추진해야 한다.

서울시는 도시경쟁력을 높이기 위해 급성장하는 로봇산업을 미래 전략산업으로 집중 육성하면서 '로봇 친화 도시'로 변모를 꾀하고 있다. 로봇 기업의 혁신 성장을 지원하는 토대를 다지기 위해 전국 최초로 '로봇산업 성장펀드'를 조성해 투자를 강화하고 있다. 2022년에 개원한 '로봇아카데미'에서는 로봇산업 현장 수요에 대응할 수 있는 실무형 전문 인력을 양성하고 있다.

또한 로봇 서비스의 대중화를 선도하기 위해 로봇과 연관 기술을 결합해 새로운 형태의 로봇 서비스 혁신모델을 개발하고 실증 전 과정을 지원하고 있다. 강남의 코엑스와 테헤란로 일대에 로봇 배달 서비스가 대표적이다. 또한 로봇 프로그램 체험 공간인 로봇 인공지능과학관을 도봉구 창동에 설립해 시민들이 쉽게 로봇을 체험할 수 있도록 하고 있다.

수서 일대에는 로봇 기업이 집적하는 종합 지원 시설로 '서울 로봇테크센터'를 구축해 로봇 스타트업 사업화의 전진기지로 삼으면서 성장단계별 맞춤형 지원을 제공하고 있다. 서울 로봇테크센터는 성장잠재력을 갖춘 로봇 기업을 대상으로 초기 양산을 위한 공간, 자금, 기술개발, 마케팅을 일괄 지원해 스타 기업으로 성장하도록 돕는 종합 지원 센터이다.

5대 창조산업

KOGA에는 4대 첨단산업에 21세기에 적합한 문화와 예술, 감성과 감각의 휴먼 터치가 가미되어야 한다. 경제와 산업에 높은 '격'을 부여해 상품성을 높이자는 얘기이다. 대중문화나 고전 예술이든 인간 본연의 창조성이 녹아들고 서비스로 응용되는 제품은 소비자들의 사랑을 받는다.

하드웨어 기술 영역과 함께 감성이 넘치는 소프트파워를 활용한 창조산업은 대한민국의 또 다른 성장동력이 될 수 있다. 향후 20년 동안 다섯 가지 창조산업을 키워야 한다.

확장현실(eXtended Reality, XR)

확장현실XR, 이하 XR은 가상현실Virtual Reality, VR, 증강현실Augmented Reality, AR, 혼합현실Mixed Reality, MR을 아우르는 개념이다. 말 그대로 가상현실, 증강현실, 혼합현실의 모든 가치를 포함하고 융합하는 포괄적 개념이다. 현대 인류는 이런 가상의 공간을 개척하면서 활동 공간, 경제 영역을 무한대로 확장하고 있다.

유사 이래 인류가 도약한 경험을 정리해 보면 첫 번째는 새로운 대륙의 발견이었다. 중세 말기에 유럽인들은 남북 아메리카 대륙이라는 미지의 신천지를 발견함으로써 근대라는 새로운 역사를 열었다. 20세기 무렵에 인류는 무의식의 대륙이라는 또 하나의 신천지를 찾아냈다.

오스트리아의 심리학자인 지그문트 프로이트가 『꿈의 해석』이라는 저작을 통해 찾아낸 무한의 대륙이었다. 프로이트가 규명한

무의식의 세계가 크리스토퍼 콜럼버스가 개척한 신대륙 아메리카보다 훨씬 크다는 분석도 있다. 이어서 1969년 7월 미국이 달에 사람을 보내면서 인류는 지구 밖 무한의 우주공간에 발을 내디디며 우주 시대 개척에 나섰다.

지금 XR의 신세계는 신천지 아메리카 대륙이나 무의식의 세계보다 더 넓고 아스라한 공간이다. 응용 분야도 넓다. 가상 박물관이나 가상 관광 서비스가 XR을 통해 모두 이뤄진다. 네이버 계열사인 제페토는 청소년뿐만 아니라 고령의 성인들도 자기 공간을 구축해 사이버 생활을 누릴 수 있는 기회를 준다.

XR산업 육성을 위해 체계적인 로드맵을 가동해야 한다. 먼저 XR 콘텐츠를 제작하는 기업에 연구개발 지원금을 제공하고 세제 혜택을 부여해 성장의 기반을 확충해야 한다. 박물관을 포함한 공공시설에 XR 기술을 활용한 제품과 프로젝트를 적용해야 한다. 민관협력으로 테스트 베드를 조성하는 한편 불필요한 관련 규제를 철저하게 확인해 모두 폐지하거나 보완해야 한다.

핵심은 세계적 경쟁력을 인정받는 XR 콘텐츠 제작이다. 가상현실과 증강현실 기반의 교육, 의료, 재난훈련 시뮬레이션 등 실용적인 XR 기술을 심화·개발해야 한다. 관련 인프라 구축 차원에서 6G 통신망을 확충하고 이 기반의 XR 데이터센터 구축과 클라우드 XR 기술력도 높여야 한다.

차세대 헤드셋HMD, 스마트글라스, 햅틱 장갑 같은 혁신적인 XR

장치(디바이스)와 인터페이스 개발이 가시권에 들어왔다. 관련 산업계와 학계에서는 XR 기반의 대표적인 융합산업 분야로 제조업 외에 의료와 관광, 교육 분야를 꼽고 있다.

서울시는 상암동에 기존 산학협력 연구센터를 '창조산업 XR센터'로 확대 개편하면서 XR 분야 디지털 기술 기업의 성장을 촉진하고 있다. 지하 4층 지상 15층, 규모에 총면적 2만 9,759제곱미터 규모의 이 센터에는 35개 관련 기업과 산학협력단 등이 입주해 XR산업을 집중 연구하고 있다. 초기 성장단계인 우리나라 XR 산업의 잠재력을 발굴하고 성장의 교두보 역할을 할 본산으로 기대되고 있다.

웹툰 · 웹소설 · 애니메이션 산업

이들 세 가지 분야를 관통하는 공통분모는 '재미산업entertainment industry'이라는 사실이다. 웹툰, 웹소설과 애니메이션은 10~20대 등 젊은이들만의 전유물이 아니다. 수많은 한류 히트 드라마와 영화의 성공 기반이 이 세 분야에 있다. 한마디로 한류 파워를 낳는 소프트파워의 원천이고, 스토리의 샘이다.

네덜란드의 역사학자이자 인류학자인 요한 호이징가는 일찍이 인간이란 존재에 대해 '호모 루덴스Homo Ludens', 즉 '놀이하는 인간'이라고 규정했다. 오직 인간만이 적극적으로 재미를 찾고, 체계적으로 오락을 하며, 차원 높은 유희를 누린다는 의미다.

수많은 생명체 가운데 인간만이 연극과 영화를 제작하고, 음악을 즐기며, 회화와 조각을 한다. 문화와 예술은 문학, 미술, 음악, 연극 같은 전통적 카테고리를 넘어 다양하게 발전해 왔다. 문화예술의 영역은 다른 어떤 분야보다 더 왕성하고 활발한 융복합이 진행되었다. 이제 이것이 인터넷 기반의 사이버와 가상 공간, XR의 세계로 확장되고 있다.

그런 맥락에서 웹툰, 웹소설, 애니메이션 이 세 분야의 중요성이 재인식되고 재평가되고 있다. 이 분야를 'KOGA' 달성에 유용한 우리나라의 성장동력으로 키우려면 최소한 웹툰과 웹소설 작가에게 기존 오프라인 문학처럼 창작 지원금을 배분하고, 지식재산권 보호를 위한 법적 지원을 강화해야 한다.

또 글로벌 OTT 거대 기업들이나 출판사와 협력해 국내 IP들의 해외 진출을 지원하고 애니메이션 제작자에게는 저금리 대출과 보조금 배분 등으로 제작비를 도와줄 필요가 있다. 디지털 기반의 제작 기술 연구소를 설립해 기술 연구개발 지원에 나선다면 독자적인 산업으로 면모를 갖추어 갈 것이다.

서울시는 '웹툰 종주도시'를 표방하면서 2024년 10월 성수동과 명동 등에서 7일간 '웹툰 팝업 페스티벌'을 개최했다. 이 행사에서는 인기 IP 전시, 특강·사인회, 웹툰 원작 드라마 체험, 웹툰 OST 콘서트, 웹툰 굿즈 이색 팝업매장 등의 프로그램이 진행되었다. 또한 서울시는 웹툰과 웹소설 인재를 양성하는 '상상비즈아카데미'를 운영하고 있다. 2023년 6개 과정에 120명이 교육을 수료했으나 2024년에는 9개 과정에 170명 규모로 확대하여 수료생들 가운데 웹툰과 웹소설 작가로 최대한 많은 인원이 데뷔할 수 있도록 지원하고 있다.

이와 함께 웹툰과 웹소설의 세계 진출을 위해 글로벌 파트너십과 해외 교류를 확대하고 있다. 글로벌과정으로 2023년에는 애플북스AppleBooks 과정만 있던 것을 2024년에 아마존Amazon 과정을 추가했다. 이외에도 프랑스앙굴렘웹툰아카데미,캐나다밴쿠버필름스쿨VFS과 협력 관계를 맺어 '상상비즈아카데미' 우수 수료생들을 대상으로 세계 진출을 추진하고 있다.

E-스포츠와 게임

우리나라의 비디오게임은 진화를 거듭하면서 E-스포츠라는 새로운 문화 또는 산업으로 발전했다. E-스포츠산업은 한국e스포츠협회KeSPA까지 발족할 정도로 커졌다. 관련 산업의 종사자도 늘었고 수출 등 국내외 매출도 급성장했다. 독립된 장르로 고유의 문화를 형성하고 있다고 해도 과언이 아니다. 고부가가치산업, 전략적 수출 서비스가 충분히 될 수 있다.

이제 정부 주관으로 국제 E-스포츠 대회를 열고, 글로벌 협력 방안도 적극적으로 찾아야 한다. 국내 대학 및 교육기관들과 협력해 E-스포츠 학과를 개설하는 한편 장학금 지원으로 관련 전문가

양성을 미리 준비할 상황이 됐다. 나아가 E-스포츠 경기장을 조성하고 청소년들을 대상으로 하는 건전한 행사에는 무료로 개방하는 등 부대 환경도 조성해야 한다.

게임산업의 육성은 중소 게임 회사에 대한 창업 자금 지원과 글로벌 마케팅을 보조하는 것이 더 효과적일 것이다. 이를 위해 예산을 확보하고 블록체인과 클라우드 기반의 게임 기술 연구개발을 지원해야 한다. 완고한 게임 심의 규정 같은 각종 규제를 발굴·철폐함으로써 창의적 게임 개발 환경을 조성하는 데 정부가 적극 나서야 한다.

교육과 치료, 기타 공익 목적의 이른바 '기능성 게임' 개발은 정부 프로젝트로 선정해 공공자금을 과감하게 투입하는 한편, 청소년들의 게임 과몰입을 예방하고 치료도 하는 보완책을 마련해야 한다.

당면한 게임산업 현안 가운데 인디 및 중소 게임 개발사 금융지원과 글로벌시장 진출 마케팅 지원이 시급하다. 인공지능 클라우드 블록체인 XR 기반의 기술 업그레이드와 사회문제 해결을 위한 기능성 게임 개발 같은 차세대 게임 연구도 서둘러야 한다.

서울시는 E-스포츠 게임 종주도시로서 위상을 높이고 관광객 유치와 도시 매력 상승을 겨냥해 E-스포츠 관련 메가 프로젝트를 벌이고 있다. 2023년에 리그오브레전드 대회를 유치하는 등 글로벌 메가 E-스포츠 경기를 서울에서 열었다. 또 2024년부터 매년

10월에 서울 게임·E-스포츠 위크를 개최해 E-스포츠 활성화와 붐 조성을 시도하고 있다.

서울e스타디움과 DMS 거리, 문화광장, 동대문 DDP 등에서 열리는 이 행사 기간에는 게임음악축제, 미래콘퍼런스, 게임아트전시, 기술경진대회, 인디게임 페스티벌, 게임마켓, 캐릭터 퍼레이드, E-스포츠 결승전 등이 개최된다. 2024년 3만 명이 참가한 것을 시작으로 2025년 5만 명, 2026년 6만 명으로 참가 인원이 늘어날 전망이다.

영상과 미디어 산업

영상과 미디어 산업은 OTT 및 영화 제작 지원, 특수효과VFX와 후반작업 기술개발, 촬영 인프라 개선, 국내 콘텐츠 해외 진출 지원 등으로 나뉜다. 이 산업을 활성화하기 위해서는 OTT 콘텐츠 지원과 영화산업에 대한 투자를 확대해야 한다. 또 인공지능 XR 기반의 특수효과 및 편집 기술을 개발하고, 촬영 인프라 확대 차원에서 전국 주요 도시에 스튜디오와 로케이션 촬영지 설치를 위한 예산을 지원해야 한다.

국내 콘텐츠의 해외 진출을 늘리기 위한 케이 콘텐츠 전반의 글로벌 마케팅 프로그램 전개도 바람직하다. 이와 관련된 특수효과와 인공지능 편집 기술을 개발하기 위한 연구개발 펀드 조성도 검토해야 한다. 외국 대형 OTT 공세 속에서 국내 OTT 플랫폼이

살아날 수 있도록 국내 오리지널콘텐츠 제작을 위한 인센티브도 적극 추진해야 한다.

인공지능 기반의 자동 생성형 뉴스 콘텐츠 제작이 보편화되는 상황에서 사실 확인 기능이 중요해지고 있다. 갈수록 정교해지는 가짜 뉴스를 예방하고 바로 잡아야 한다. 이는 공공성이 큰 사안인 만큼 공공예산을 투입할 명분이 충분하다. 개별 미디어 기업을 대신해 건전한 미디어산업 육성 지원 차원에서 정부나 지방자치단체가 자금 지원에 나서는 게 바람직하다.

개인 창작자와 미디어 스타트업으로 창업 지원금을 유입하고 멘토링까지 제공하면 건전한 미디어 생태계에 도움이 될 것이다. 쇼트폼 인터랙티브 콘텐츠 제작 지원금 확대, 환경·교육·인권 같은 공익 미디어 프로젝트를 위한 펀드 조성도 필요하다.

인공지능기술의 발전에 따른 가짜 뉴스, 딥페이크deep fake의 범람은 세계적인 우려 대상이다. 미디어산업에 대한 육성 지원이 말초적 기사, 선동적인 가짜 뉴스를 양산하는 토양을 제공하지 않도록 유의해야 한다.

서울시는 글로벌 크리에이터를 지향하는 토종 1인 미디어와 1인 피디 육성에 앞장서고 있다. 일종의 메가 크리에이티브 육성을 통해 서울의 글로벌 파급력을 높이기 위해 '글로벌 크리에이터 육성 지원사업'을 벌이는 것이다. 서울의 힙한 라이프스타일의 확산과 창조산업과 연계한 융복합 효과를 겨냥하고 있다.

또 매년 1인 미디어를 육성하기 위해 '서울창조 PD 교육생'을 2024년부터 500팀 모집해 기획·촬영·편집 등을 교육하고 있다. 이와 별도로 창조 콘텐츠 제작과 관련해 우수 피디 20팀을 선발·장려하고 있다.

2대 미래산업

4대 첨단산업, 5대 창조산업과 더불어 이를 보완하고 확장하는 두 가지 테크산업이 있다. 하나는 기후변화와 관련된 테크산업이며, 다른 하나는 고령친화적 테크산업이다. 두 산업 모두 대한민국이 집중해서 키워야 한다.

기후테크는 태양광, 풍력, 원자력, 수소 에너지 같은 청정산업과 에너지저장시스템ESS, 저전력 반도체, 배터리 기술 같은 첨단산업을 포괄한다. 에이지테크는 고령자aged와 기술technology의 합성어인데, 고령자들의 삶의 질 향상을 위한 디지털 기술과 이와 연관된 산업을 일컫는다.

기후테크

기후테크는 우리가 하기에 따라 앞으로 새로운 수출 동력이 될 수 있다. 원자력 가스터빈 기술은 국산화 성공을 기반으로 수출산업화에 성공한 대표적인 사례다. 에너지저장시스템과 배터리 기술 분야도 비슷하게 전략화에 성공해 글로벌경쟁력을 유지하고 있다. 이런 경험을 바탕으로 태양광, 풍력 등 청정 기술의 국산화를 전면 지원해 경쟁력 있는 수출기업으로 꾸준히 육성할 필요가 있다.

수소자동차, 수소연료전지, 수소드론 등 '수소경제' 테크와 원자력 분야도 이런 범주에 속한다. 특히 저전력 반도체, 친환경 시멘트, 자원순환 기술 같은 기후테크산업 분야에는 저력 있는 한국 기업들이 제법 있다. 관련 기술의 자립에 이어 초격차 기술로 도약한다면 이들은 신성장동력산업으로 국내에 고급 일자리를 창출하는 데 기여할 것이다.

하지만 기후테크의 한 분야인 태양광은 중국산이 한국 시장을 사실상 완전 지배하고 있다. 시장점유율로 보면 잉곳, 웨이퍼의 95퍼센트, 셀과 모듈은 80퍼센트 이상이 중국산이다. 풍력도 비슷하다. 우리 기업들은 풍력발전의 터빈과 블레이드 분야에서 미국 GE, 독일 지멘스, 덴마크의 베스타스Vestas 같은 선진국 기업을 추격 중이다. 그러나 기술격차가 커서 갈 길이 멀다.

국내 태양광산업에 들어가는 소재와 부품, 장비는 대부분 중국산이다. 서해안과 강원도 산간지대의 풍력발전은 유럽 기업들과 자본의 놀이터가 되어 버렸다. 지금부터라도 더 늦기 전에 제대로

된 산업정책을 적극 펼쳐서 태양광, 풍력 같은 청정 기후테크산업을 외국에 빼앗기는 사태를 막아야 한다.

기후테크산업을 활성화하기 위해서는 청정 기술의 국산화를 적극 지원하고 경쟁력 있는 수출기업을 키워야 한다. 우리는 앞선 원자력 기술로 국가 차원에서 부가가치를 올리고 있다. 세계 다섯 번째로 가스터빈 국산화를 성공시켜 국내 천연가스 발전소 증설과 수출 증대를 이뤘다.

국내에 재생에너지 공급망을 복원하고 청정산업 국산화를 목표로 연구개발과 산업 생태계를 재구축해야 한다. 나름의 독자적인 생태계를 구축한 뒤 친환경 에너지 교역에서 주도권을 쥐고 세계의 탄소중립화에 기여하는 기후변화 청정국이 되어야 할 것이다.

에이지테크산업

이 산업은 세계적인 고령화 흐름에서 경제 산업적 효과뿐 아니라 고령자와 신중년의 복지에 이바지한다는 측면에서 매우 중요하고 유망하다. 우리나라에서는 1차 베이비붐 세대(1955~1963년)에 이어 2차 베이비붐 세대(1964~1974년)가 점차 신중년과 고령층으로 새롭게 진입하고 있다. 이에 따른 액티브시니어 증가로 요양·돌봄, 주택, 건강관리, 여가·문화 등을 중심으로 한 고령친화산업과 에이지테크 육성의 필요성은 한층 더 커지고 있다.

이런 마당에 새로운 고령자 시대의 내수 기반 확보와 인구구조

변화 적응에 따른 고령친화산업 육성을 위한 정책과 비즈니스의 실행 전략을 재설계하는 일이 시급하다. 정부는 제4차 저출산고령사회기본계획(2021~2025년)에서 '고령친화 신산업 및 고령친화 기술(에이지테크)' 육성을 강조했다.

우리나라의 에이지테크산업은 2022년 72조 3천억 원에서 2030년 128조~280조 원 규모로 급성장할 것이라고 한국보건산업연구원과 한국보건산업진흥원은 전망한다. 에이지테크산업은 크게 여섯 가지 분야로 나누어진다.

첫 번째는 노인질환 대응, 항노화, 응급 대응, 복약 관리 등의 헬스케어 분야이고, 두 번째는 스마트홈 웨어러블 장비, 낙상 예방과 감지, 피트니스 등 웰니스 분야이다, 세 번째는 주택과 공동체 참여 등 주거 분야, 네 번째는 일상 지원, 교통과 이동, 보조기기 등 생활 분야, 다섯 번째는 케어 시설과 인지 케어 등 돌봄 분야, 여섯 번째는 금융과 보험, 교육과 취업, 임종 준비를 포함하는 기타 분야 등이다.

에이지테크산업의 육성 방향도 이에 맞춰 경쟁력을 높이고 국가 재정투자의 효율성을 높이는 쪽으로 이뤄져야 한다. 에이지테크의 세 가지 실천 방안을 정리하면 다음과 같다.

제안 1: 일상생활에 필요한 제품 등 플랫폼 간 연계와 협력을 통한 '고령친화산업 플랫폼'을 구축한다. 플랫폼 간 연계와 협력을 바탕으로 마케팅, 판로 개척, 고령 소비자 안내를 지원한다.

제안 2: 고령친화제품과 에이지테크 서비스 등 실수요 중심의 기술혁신을 추진한다. 첨단 혁신 기술을 융합해 질환 예방, 인지능력 향상, 자립 생활을 위한 기술개발 지원을 확대한다.

제안 3: 에이지테크의 생태계를 구축하고 민간·공공 거버넌스를 체계화한다. 기업 자체의 파트너십 기반 위에 기업과 대학 네트워크 구축을 강화하고 전문 인력 양성 시스템을 체계화한다.

3장

성장 지향형 규제 철폐

글로벌 시장조사기관인 CB인사이츠는 매년 글로벌 100대 유니콘기업을 선정한다. 한국경제연구원이 2023년 이들 기업을 대상으로 한국에서 사업이 가능한지 조사한 적이 있다. 그 보고서에 따르면 8개는 한국의 규제 탓에 아예 사업 자체가 불가능했고, 9개는 인증 등 별도의 행정절차 문제로 제한적으로만 가능한 것으로 나타났다. 보고서는 사업을 가로막는 주범으로 한국의 공유숙박, 승차 공유, 원격의료, 드론, 자율주행, 핀테크, 게임 관련 규제를 지목했다. 한국의 규제가 혁신의 싹을 짓밟는다는 말이 실감나는 대목이다. 조사 대상 유니콘기업 100개 가운데 한국 기업은 1개에 불과했다.

비슷한 조사를 2018년 IT 전문 로펌인 테크앤로도 수행했다. 시뮬레이션 결과, 당시 세계 100대 스타트업 중에 57개 기업이 한국에서 창업했다면 사업이 제한됐을 것으로 나타났다. 13개는 한국에서 사업 자체를 시작할 수 없었고, 44개 기업은 조건부로만 가능했다. 이런 기업이 5년 만에 57개에서 17개로 줄었다고 자위할 일이 아니다. 5년이 지났는데도 혁신을 가로막는 규제가 여전히 남아 있다는 데 주목해야 한다.

규제는 우리 경제와 산업에 막대한 비용을 발생시킨다. 작년 4월 한국산업연구원이 그 비용을 추산한 보고서를 펴냈다. 각종 규제로 인해 한국이 지불하는 비용이 분석 방법에 따라 최대 377조 원에 달한다는 내용이었다. 가장 보수적으로 잡은 게 16조 원이었다. 이 말은 우리나라 규제 수준이 규제품질지수 1위인 싱가포르의 규제 수준으로 개선될 경우 기대되는 국내총생산GDP, 이하 GDP 증대 효과가 최소 16조 원, 최대 377조 원이란 뜻이다. 한국 GDP가 2,200조 원 수준이다. 가만히 앉아 GDP를 최소 0.7퍼센트, 최대 17퍼센트 끌어올릴 방법이 가까이 있다. 규제개혁엔 돈이 들지 않는다. 규제개혁은 속도가 생명이다. 망설일 이유가 없다.

혁신의 싹 꺾는 한국의 규제

2023년 3월 말 기준 우리나라 전체 규제 건수는 8만 7,804건에 달한다. 중앙정부 4만 7,640건, 지방자치단체 4만 164건이다. 중앙부처 중에서는 해수부가 7,123건으로 가장 많고 국토부가 6,956건, 환경부 3,458건, 산업부 3,455건, 금융위 2,975건 순이다. 지방자치단체는 경기도 6,095건, 전라남도 3,942건, 전라북도 3,633건, 강원도 3,319건, 경상북도 3,302건 순이다.

정치권은 끊임없이 각종 산업별 규제를 양산해 산업 발전을 가로막고 있다. 규제개혁위원회가 매년 발간하는 「규제개혁 백서」에 따르면 법률·시행령·규칙 등으로 신설·강화한 규제 건수가 노무현 정부(2003~2007년) 5,759건, 이명박 정부(2008~2012년) 5,788건, 박근혜 정부(2013~2016년) 4,859건, 문재인 정부(2017~2021년) 5,790건에 달한다. 경제협력개발기구가 발표하는 규제 환경 순위에서 한국이 최하위권에 머무는 것도 어제오늘 일이 아니다. 작년 7월 발표한 순위에서도 한국은 '정부 개입에 의한 기업 활동 왜곡 지수' 36위, '무역·투자 등에 대한 진입 장벽' 36위, '자격·허가 절차 등 행정 규제' 28위였다.

가만히 두면 규제는 증가하는 관성이 있다. 적극적으로 개선하고 철폐하지 않으면 시장이 왜곡되고 규제 비용이 폭증한다. 산업의 국제경쟁력이 떨어지고 혁신 생태계가 고사할 수밖에 없다. 정부에 대한 원망과 불만이 하늘을 찌르는 이유다. 오죽하면 규제의 폐단을 지적하는 용어들이 계속 양산되겠나. '코브라 효과'[1], '칸막이 규제'[2], '덩어리 규제'[3], '갈라파고스 규제'[4], '그림자 규제'[5]와 같은 신조어가 대표적이다. 나는 혁신을 가로막는 규제가 한국병의 근본 원인이라고 확신한다.

특히 과거 타다 논란, 최근 로톡lawtalk 관련 논란에서 보았듯 기술의 발전으로 등장한 신산업이 구산업과 충돌할 때 규제 개선은 중요한 역할을 한다. 새로운 서비스의 원칙적 허용을 견지하기 위해서는 업역을 정의하고 있는 규제를 신기술에 적용할 수 있도록 선제적으로 개선할 필요가 있다. 또 4차 산업혁명과 인공지능 시대의 핵심이 '융합'이라는 점에서 칸막이 규제를 적극적으로 혁파해야 한다.

정부가 기존의 규제 체계를 유지할 경우 규제의 효과는 떨어진다. 또 신산업의 출현을 방해해 사회구조의 변화와 경제성장을 저해하게 된다. 그런데도 신산업 분야의 규제 개선 속도는 매우 더디다. 대한상공회의소의 신산업 규제 개선 현황 조사(2023년)에 따르면 지난 4년간 바이오, 드론, 핀테크, 인공지능 4개 분야의 86개 규제 중에서 개선이 완료된 규제는 8건에 불과해 개선율이 9.3퍼센트에 그쳤다. 미국 싱크탱크 정보기술혁신재단ITIF은 지난 3월 발표한 보고서에서 "한국의 경직된 포지티브 규제와 그림자 규제가 인공지능, 가상자산, 모빌리티 등의 기술혁신을 저해하고 기술혁신에서 중국에 뒤처지는 원인이 되고 있다"고 분석했다.

지난 3월 4일 서울시가 대한상공회의소와 함께 개최한 '기업 중심 성장 지향형 규제개혁' 포럼에서 나와 대담한 구태언 디지털

플랫폼정부위원회 위원(전 신산업규제혁신위원회 위원)의 발언이 인상적이었다.

> "미스터리가 있어요. 신기술, 신서비스가 나왔는데 이미 막혀 있습니다. 이게 가능합니까? 어떻게 미리 미래의 법을 만들죠? 그것은 기존 법을 늘려서 해석해서 그렇습니다. 예를 들면 레저용 드론을 항공기라고 생각하는 분 있습니까? 손바닥만 한 드론이 항공기예요? 그런데 항공법을 적용하는 식입니다. 개인 간 차량 공유가 렌털 사업인가요? 옆집에 차 빌려주는 게 렌털입니까? 렌털 사업에 적용하는 어마어마한 규제를 개인 간 차를 빌려주는 데 적용하고 손바닥만 한 드론에 항공법을 적용하니까 모든 게 막히는 거예요. 기존 규제의 해석을 늘려서 가로막는 겁니다. 우리나라가 아주 심합니다. 다른 나라는 그렇지 않습니다. (중략) 규제개혁은 있는 법률을 없애는 게 아니라 잘못된 해석을 바꾸는 것에서도 굉장히 쉽게 출발할 수 있다는 점을 정부나 국회에 좀 말씀드리고 싶습니다."

규제를 철폐하고 개선해도 모자를 판에 시대착오적 규제를 신산업에 확대 적용하고 있다니 말이 나오지 않는다. 이런 관행이 공무원 사회에 뿌리 깊게 박혀 있을 것이다. 국내 스타트업들이 시장 진입과 동시에 "거미줄처럼 촘촘한 규제에 숨이 턱 막힌다"

라고 하소연하는 게 전혀 과장이 아니다. 당연히 규제를 피하느라 방어적으로 사업을 하고, 빛나는 아이디어에 투자하려던 투자자들도 위축될 수밖에 없다. 이런 환경에서 무슨 혁신 성장이 가능하겠나.

2021년 대한상공회의소가 신사업에 진출했거나 진출할 계획이 있는 244개 기업을 대상으로 진행한 '신산업 규제 환경에 대한 인식'에 대한 설문조사 결과, 10곳 중 7곳은 사업 지연(71.8퍼센트), 사업 축소·변경(37.9퍼센트), 추가 비용 발생(34.7퍼센트) 등을 겪었다고 답했다. 신산업 규제 환경의 가장 큰 문제점을 묻는 문항에는 '근거 법령이 없거나 불분명'(55.6퍼센트), '인증·허가 등 복잡한 행정절차'(47.6퍼센트), '제품·서비스 원천 금지'(34.7퍼센트)라고 답했다. 기업 현장에서는 지엽적 규제 개선이 아닌 핵심 규제 개선, 선제적이고 즉시성 있는 규제완화를 요구하고 있다.

과도한 규제는 기업 운영과 성장에 막대한 경제적 비용을 초래한다. 산업연구원 외에 민간에서도 한국의 규제 비용을 추계한 연구 결과들이 산더미처럼 쌓여 있다. 2013년 삼성경제연구소와 전경련 조사 결과를 보면, 한국의 규제 비용은 2006년 약 78.1조 원(GDP의 9.2퍼센트)에서 2013년 158.3조 원(GDP의 11.1퍼센트)으로 증가했다. 158.3조 원 가운데 가장 큰 비중을 차지한 게 시장규제 비용으로 103.5조 원이었다. 시장규제 비용이란 규제가 없다고 가정할 때 달성 가능한 국민소득과 실제 국민소득 간의 차이다. 규제 때문에 발생한 기회비용이라 할 수 있다. 이 말을 뒤집으면 규제개혁만 잘해도 생산성 향상과 경제성장을 도모할 수 있다는 얘기가 된다. 규제를 경제협력개발기구 평균 수준으로만 개선해도 GDP가 1.6퍼센트 증가하고 일자리 30만 개가 창출된다는 게 이 보고서의 결론이었다.

비슷한 연구 결과가 부지기수다. 한국경제연구원에 따르면, 프레이저 재단이 매년 발표하는 규제지수(2024년 기준, 36위)가 1점 개선될 때마다 한국의 경제성장률은 0.54퍼센트포인트씩 상승한다. 세계은행(2004년)은 한국의 규제가 다른 선진국 수준으로 완화되면 경제성장률이 1.4퍼센트포인트 높아질 것이라고 분석했다. 한국개발연구원도 우리나라 규제 수준이 경제협력개발기구 평균 정도로만 개선되더라도 GDP가 1.6~3.7퍼센트 증가할 가능성이 있다고 분석했다.

과도한 규제는 우리 경제에 자해 행위와 같다는 데 이견이 있을 수 없다. 지금도 우리 눈을 찌르고 있는 규제들은 하루빨리 없애는 게 상책이다. 제대로 된 정부라면 스타트업이 유니콘을 거쳐 대기업에 이르는 과정에서 겪는 고비마다 맞닥뜨릴 수밖에 없는 장애물을 미리미리 치워 줘야 한다. 강도 높고 지속적인 규제 혁신은 불필요한 규제 비용을 줄일 뿐 아니라, 시장 활성화와 기업 혁신의 동력을 만드는 데 기여한다.

서울시의 규제개혁 실험

나는 서울시정을 통해 강한 규제 혁신 경험을 축적했다. 2022년 서울산업진흥원, 기업, 협회, 단체들과 함께 서울형 규제혁신을 시작했다. 로봇과 금융 등 신산업 성장을 저해하는 기업 규제와 애로 사항을 발굴해 공론화하고 실질적 지원을 제공하는 등 규제 해소에 적극 나서겠다는 취지였다. 이를 위해 서울시와 서울산업진흥원의 조직을 정비하고 규제 혁신 전문가 포럼, 찾아가는 간담회, 서울기업 100인 토론회 '규제 풀Go 기업 날Go' 등을 개최했다. 규제로 인해 어려움을 겪는 중소기업을 지원하는 서울규제혁신지원단을 출범시켜 실질적인 컨설팅도 지원했다.

이후 3년간 규제 대응 컨설팅, 법률 자문 등을 통해 로봇, 바이오, 핀테크, 인공지능, 스마트모빌리티 등 5대 신산업 분야에서 기업 성장을 저해하는 총 24건(규제샌드박스 신청 총 82건)의 규제를 해소하고 규제특례기업 실증사업화 20건을 지원했다. 대표적으로 도심 건물 등에 물품을 보관할 수 있는 셀프스토리지self-storage 서비스 '미니창고 다락'으로 130억 원 이상의 투자금을 유치한 '세컨신드롬', 실물 여권 없이도 신분 확인과 면세점 쇼핑이 가능한 '트립패스 모바일여권' 플랫폼으로 2024 CES 최고혁신상 2관왕을 수상한 '로드시스템' 등이 시의 규제혁신 노력으로 성장한 기업들이다.

올해 시정의 화두도 규제 철폐로 정했다. '개혁'보다 한층 강력한 의지를 담아 '철폐'란 용어를 쓰기로 했다. 개혁이 기존 제도를 손보는 수준이라면, 철폐는 불필요한 제도를 과감히 없애는 더욱 적극적인 태도를 가리킨다. 연초 신년사와 첫 간부회의를 통해 서울시 규제 권한의 절반을 덜어 내겠다는 각오로 '규제와의 전쟁'을 선포하면서 모든 부서와 직원들이 창의 제안 방식으로 규제 철폐 아이디어를 제안하도록 했다. 시민이 인허가 과정에서 겪는 불확실성, 특히 실무진의 위험회피형 소극 행정이 민생의 가장 큰 적이라고 선언하고, 불필요한 규제를 발굴한 공무원에게는 포상금과 특별승급 기회를 제공했다.

동시에 100일간 시정 전 분야에서 불합리하고 불필요한 규제에 대한 시민 신고를 접수하는 '시민 집중신고제'를 통해 실질적이고 체감되는 규제개혁도 추진했다. 지난 1월 4일에는 서울시민 100인이 참여하는 규제 철폐 난상토론 '규제풀어 민생살리기 대토론회'를 직접 기획했다. 민생경제, 교통·환경·안전, 건설·주택·도시계획 등의 분야에서 불필요한 규제 철폐에 대한 가감 없는 목소리를 듣고, 즉석에서 답변하며 규제 철폐의 의지를 다졌다.

그 결과 3월 3일 현재 공무원 제안 1,017건과 시민 제안 523건 등 총 1,540건을 접수했고 '건설 분야 규제 철폐 TF'와 '규제 철폐 전문가 심의회'를 거쳐 지금까지 총 63건의 규제 철폐를 발표했다. 토지거래허가구역 지정 해제, 타 시도 보증기업 보증제한 폐지, 온누리상품권 사용처 확대, 전입신고 서류 일원화 등이 대표적인 사례다. 또한 서울시 산하 23개 투자·출연기관과 함께 총 159건의 규제를 완화했다. 1월 한 달간 공무원들이 발굴한 아이디어 753건을 대상으로 5일간 6,100명의 시민이 참여한 온라인 사전투표와 '규제철폐전문가 심의회' 의견을 반영해 최종 10건을 선정했고, 3월 4일 전문가와 시민 150여 명의 현장 심사로 대상 등을 결정해 발표했다.

대한민국 정부의 규제개혁 방향

미국 트럼프 대통령은 규제개혁에 진심인 것으로 정평이 나 있다. 1기 행정부 당시 경제 활성화를 위해 '투포원 룰2 for 1 rule' 정책을 구사한 사례가 지금도 재계에서 회자된다. 투포원 룰이란 규제 1개를 신설하면 기존 규제 2개를 폐지하는 방식을 말한다. 미국은 이를 통해 2017~2019년 규제 1개를 신설할 때 평균 7.6개를 폐지했다.

한국에도 이에 견줄 만한 시절이 있었다. 김대중 정부는 1997년 IMF 외환위기 이후 규제개혁위원회를 설립하고 '규제 50퍼센트 폐지'라는 직관적 목표를 내걸고 대대적인 규제개혁을 추진했다. 당시 전수 조사된 규제 1만 1,125건 중에서 5,430개(47.8퍼센트)를 폐지하는 성과를 거뒀다. 하지만 이후 정부에선 출범 직후에만 규제개혁을 약속하다가 시간이 갈수록 규제가 오히려 강화되는 양상이 되풀이됐다.

정부가 바뀔 때마다 규제 관리 노하우가 축적되지 못하고 흩어졌고, 규제관리위원회의 활동도 대통령의 의지에 따라 기복이 컸다. 규제 정책의 명확한 원칙과 방향성이 부족했고, 정책 실행력도 취약했다. 양적 감소에만 집중한 결과 경제 펀더멘털 개선 효과는 제한적이었다. 나는 서울시장으로서의 경험을 바탕으로 규제개혁 정책 방향을 제시해 보고자 한다. 가만히 두면 규제는 늘어나는 관성이 있다는 것을 잊지 말아야 한다.

신산업 규제 혁파의 3대 원칙

첫째, 관官이 아닌 민民이 주도하는 규제 혁파여야 한다. 규제개혁위원회 산하에 신산업별 민간 전문가로 구성된 '신산업규제혁신위원회'를 설치해 민간의 규제 개선 건의를 정부 관료의 관점이 아니라 민간의 시각에서 검토해야 한다. 특히 신산업의 특성상 다양한 기술과 업종 간의 융합을 통해 새로운 산업이 파생되어 발생한다는 점을 고려하여 특정 업종에 국한하지 않고 오랜 경험과 노하우를 갖고 있는 신기술·신서비스 분야의 전문가들이 참여하도록 해야 한다. 과거 박근혜 정부 시절 신산업 5대 분야(무인이동체, ICT 융합, 바이오헬스, 에너지·신소재, 신서비스)에 대해 유사한 위원회를 운영한 적이 있다. 참고할 만하다. 당시 드론 사용사업의 범위 원칙 허용과 예외 금지 방식 전환, 자율주행차의 주행시험 구간 확대, 개인정보 비식별화에 대한 가이드라인 마련, 전자자금이체 시 일회용 비밀번호 의무화 폐지 등의 성과가 있었다.

둘째, 명시적으로 금지하지 않는 한 모든 것을 허용하는 '포괄적 네거티브' 규제가 뿌리내려야 한다. 지금까진 법에서 정한 것만 허용하는 포지티브 규제가 주류였다. 국가 주도형 발전 모델에선 이처럼 열거주의에 입각한 사전 규제가 도움이 됐을지 몰라도 지금처럼 민간 주도로 혁신 기술을 놓고 무한경쟁하는 시대엔 맞지 않다. 생명과 안전 분야를 제외하고 '우선 허용, 사후 규제'의 정신으로 규제를 심사해야 한다. 네거티브 규제는 자율과 창의성을 최대한 보장해 4차 산업혁명 시대의 기술 융합, 신산업 창출과 같은 새로운 환경 변화에 신속히 대응할 수 있다.

같은 맥락에서 신사업 테스트를 위한 규제샌드박스 제도를 개선할 필요가 있다. '규제샌드박스'는 사업자가 신기술을 활용한 새로운 제품과 서비스를 일정 조건(기간·장소·규모 제한)에서 시장에 우선 출시해 시험·검증할 수 있도록 현행 규제의 전부나 일부를 적용하지 않는 것을 말한다. 많은 기대 속에 2019년 시행된 이후 규제샌드박스를 통해 승인받은 사업 중 절반이 중단되거나 위기에 처한 사례가 많다. 까다로운 사업승인 조건과 현실적이지 않은 허용 범위 때문이라고 한다. 특례를 받는 대신 많은 부가 조건이 추가되면서 기업이 사업을 제대로 펼치기 어렵다는 것이다. 가령 '기존 산업과의 상생 방안을 가져오라', '보험에 가입하라'는 식이다. 또 여러 부처에서 별도로 운영하다 보니 혼란이 생긴다.

한국형 규제샌드박스법령에는 행정규제기본법, 정보통신융합법, 산업융합촉진법, 금융혁신법, 규제자유특구법, 스마트도시법, 연구개발특구법, 모빌리티혁신법, 순환경제사회전환 촉진법 등이 있다. 하루빨리 '규제샌드박스제도 통합법'을 제정해야 한다. 또 규제 특례 기간(최대 4년)이 종료된 이후 실증 과정에서 수집된 데이터를 토대로 합리적으로 규제를 개선해야 하는데 특례 기간 종료 후 기존 규제로 복귀할지, 새로운 규제를 적용할지 명확한 기준이 없다.

셋째, 산업별 기준국가제를 도입하자. 인공지능, 반도체, 로봇, 가상화폐, 자율주행 등 미래 성장산업별로 지향해야 할 경쟁력 있는 국가를 설정하고 우리의 규제를 이와 비슷하거나 낮은 수준으로 손보자는 것이다. 우리의 규제 수준이 다른 국가에 비해 높아 신기술과 신서비스 시장으로 진출하는 데 방해받지 않도록 하자는 취지다. 모든 규제를 국제 수준의 '규제 최소성' 원칙에 따라 검토하면 국내 신산업이 다른 나라와의 경쟁에서 우위를 점할 수 있다. 경제정책 전문가 5명이 집필한 『경제정책 어젠다 2022』에서는 미국과 스웨덴을 기준국가 후보로 제안했다. 세계은행의 기업 환경 평가Doing Business, 스위스 국제경영개발대학원IMD의 국가경쟁력 평가, 세계경제포럼WEF의 글로벌경쟁력 평가에서 상위 10위에 공통으로 포함된 4개국 가운데 도시국가인 싱가포르와 홍콩을 뺀 결론이었다.

문제는 기준국가제를 도입해 불합리한 규제를 개선하거나 철폐하기까진 법률의 제·개정 절차 등이 필요해 많은 시간이 소요된다는 점이다. 규제를 받는 입장에선 이것을 기다리는 시간 자체가 비용이다. 이런 부담을 경감하기 위해 '비조치 의견서no action letter'나 한시적 규제유예제도TRR 같은 조치를 적극 활용할 필요가 있다. 비조치 의견서는 규제 기관이 개선 절차에 들어간 규제를 적용하지 않겠다고 약속하는 문서다. 규제유예제도는 규제를 한시적으로 집행 중단하거나 완화해 적용하는 방식이다. 규제 기관의 의지만 있으면 얼마든지 당장 시행할 수 있는 조치이다.

규제 조정·관리의 컨트롤타워 개편

우선 규제개혁위원회를 독립 행정위원회로 격상시킬 필요가 있다. 현재는 총리와 공동위원장인 장관급 위원회이지만 위원들이 모두 비상근이므로 규제를 혁신하고 관련 부처 사이에서 조정하는 기능이 매우 약하다. 공정거래위원회나 금융위원회처럼 상시적이고 독립적인 행정위원회로 개편해 종합적이고 일관성 있는 규제개혁의 컨트롤타워 역할을 수행할 수 있도록 해야 한다. 이래야만 칸막이 규제, 중복규제, 규제 양산, 규제 방식 등 부처의 규제에 대한 통합적 감독과 유도가 가능하다. 나아가 개별 기업의 규제 민원을 해소하는 범정부 컨트롤타워로 '기업성장 부총리'을 두는 것을 제안한다. 컨트롤타워를 통해 인허가 절차를 비롯한 장애물을 일괄 해결하게 한다면 각종 규제를 일거에 효율적으로 제거할 수 있을 것이다.

또 국무조정실의 규제조정실, 한국개발연구원의 규제연구센터, 한국행정연구원의 규제연구센터 등 여기저기 흩어져 시너지 효과를 내지 못하는 기구를 모두 규제개혁위원회 산하로 통합시켜 규제개혁의 전문성, 집중성, 통합성, 일관성을 확보해야 한다. 규제영향평가, 규제 비용 분석 등을 통해 전문성을 높이고 상임전문위원과 전문 연구기관이 명실상부하게 규제개혁의 중심 역할을 하면서 합리적으로 규제를 개혁하는 데도 기여할 수 있을 것이다.

마지막으로 불합리한 칸막이 규제, 덩어리 규제, 갈라파고스 규제, 그림자 규제를 박멸해야 한다. 정부규제혁신추진단을 만들고 그 산하에 부처 공무원, 산업, 민간 전문가로 구성된 '중복규제 워킹그룹'을 두어 불합리한 규제를 일제 점검해야 한다. 중복규제 건수, 중복규제 개혁 노력에 대한 평가 결과를 정부 업무평가에 반영하고 부처 간 협의에 적극적인 정도에 따라 개인별, 집단별 인센티브를 부여해야 한다. 또 규제를 폐지하면 크레디트를 얻고 이를 나중에 새 규제를 만들 때 사용할 수 있도록 하는 '규제 은행' 제도도 시행했으면 한다. 규제 은행이 출범하면 공직사회에 규제를 고수하거나 신설하려는 동기는 약해지고 반대로 규제를 합리적으로 개혁하려는 동력이 커질 것이다.

국회를 포괄하는 규제관리체계 구축

규제 철폐는 행정부 차원에서만 논의할 사안이 아니다. 최근 국정 운영에서 국회의 권한과 영향력이 지속적으로 강화되고 있다. 국회 사무처의 발의 주체별 법률안 통계를 보면 15대(1996~2000년) 때 법률에 반영된 법률안의 25퍼센트가 국회의원 발의, 24퍼센트가 위원장 발의, 52퍼센트가 정부 발의였다. 16대(2000~2004년)에선 각각 49퍼센트, 16퍼센트, 35퍼센트였다. 이런 추세가 이어져 21대(2020~2024년)에선 각각 80퍼센트, 15퍼센트, 5퍼센트로 의원 발의 비중이 압도적으로 커졌다.

특히 한국행정연구원(2020년)이 2016년부터 2018년까지 규제 입법의 규모가 많은 4개 부처(국토교통부, 산업통상자원부, 환경부, 식품의약품안전처)를 대상으로 규제 입법에 대한 전수 조사를 실시한 결과, 전체 3,822개 조문 가운데 규제 입법에 해당하는 조문은 19.7퍼센트인 752개였다. 의원 입법 규제가 정부 입법보다 2.6배 많았고, 규제심사의 대상이 되는 신설·강화 규제 규모도 의원 발의가 정부 발의의 2.6배로 확인됐다. 규제를 주도하는 주체가 국회란 얘기다.

문제는 의원 발의 법안의 경우 법이 제정돼 시행될 때까지 규제의 악영향이나 부작용을 객관적으로 판단할 제도적 장치가 없다는 것이다. 정부 입법에 규제 신설·강화 내용이 포함될 경우 소관 부처는 행정규제기본법에 따라 규제영향평가서를 작성해야 하고 규제영향분석과 규제개혁위원회의 심의를 거쳐야 한다. 그러나 의원 발의 법안에 대해선 사전에 규제의 사회적 편익과 비용을 검토하는 규제영향분석을 의무화하거나 심사하는 제도가 도입되지 못하고 있다. 18대 국회 때부터 의원 입법에 대한 규제심사 논의가 시작됐고, 경제협력개발기구도 규제영향분석 절차를 도입할 것을 수차례 권고했는데도 그렇다.

의원 입법에 대해서도 정부 입법과 동일한 규제영향평가와 심사를 도입하는 것이 바람직하다. 국회의원의 입법권을 훼손한다는 반발 가능성을 감안해 우선 의원 입법 규제에 대한 행정부 차원에서의 사후관리 방안을 시행해 보고 그 성과를 살펴볼 수도 있겠다. 이 경우에도 총선 직후 전 국회의원에게 입법에 따른 규제가 기업과 산업에 미치는 영향에 관한 의무교육을 실시하는 것도 검토해 볼 만하다. 자신의 입법 행위가 누군가의 꿈을 꺾는 장애물로 작용할 수 있다는 점을 자각한다면 규제 입법을 자제하는 데 어느 정도 도움이 될 것이다.

무엇보다 의원들이 발의한 법안 개수를 성과로 착각해 발의 경쟁을 벌이는 '잘못된 행진'을 멈춰야 한다. 역사적으로 규제를 줄여 번영한 사례는 많지만, 규제를 늘려 성공한 국가는 없다. 규제는 최소가 최선임을 명심해야 한다.

나무가 아니라 숲을 보는 규제개혁

규제의 범위는 생각보다 훨씬 넓다. 법조문에 규정된 구체적 규제뿐 아니라 우리 경제의 성장을 가로막는 모든 물리적, 심리적 장애물이 모두 규제란 생각을 가져야 한다. 그래야 피부에 와닿는 규제개혁이 가능하다. 정밀 타격하듯 가려운 곳을 긁어 주는 핀셋형 규제 개선도 물론 필요하지만 규제가 만들어지고 작동하게 된 저변의 조건과 사회 전반의 인식을 바꾸는 게 훨씬 효과적이다. 규제 철폐를 종합예술의 관점에서 접근해야 하는 이유다.

그런 차원에서 과감한 지방 분권은 규제개혁에 큰 도움이 된다. 내가 요즘 많이 하는 주장이 중앙정부가 쥐고 있는 권한을 과감하게 지방정부로 넘겨 대한민국에 5개의 싱가포르를 만들어 보자는 것이다. 현재 8대 2인 국세와 지방세 비율을 5대 5 혹은 그 이상으로 지방에 넘기고 각자 어떤 발전 모델을 쓸 건지, 세금을 어디에 쓸 건지, 인재 등용을 어떻게 할 건지 등 외교와 국방을 제외한 대부분의 정책을 결정할 권한을 주면 어떻게 되겠나? 5개 초광역 경제권끼리 치열하게 경쟁하며 1980년대 '아시아의 네 마리 용(한국, 싱가포르, 대만, 홍콩)'이 고속 성장했던 드라마를 한반도에서 다시 펼칠 수 있다. 이 과정에서 성장과 혁신을 방해하는 불합리하고 시대착오적인 규제들은 경쟁적으로 폐기될 것이다.

미시적·국지적 규제의 경우 그 권한을 하루빨리 기초지방자치단체로 넘겨야 한다. 우리나라의 기초지자체가 226개다. 생활 밀착형 서비스를 준비하는 스타트업 입장에선 226개의 선택지가 있는 셈이다. 각 지자체에 관련 규제를 결정할 권한이 생기면 진출 지역을 놓고 저울질하는 스타트업에 가장 유리한 규제 환경을 제공하기 위해 226개 지자체가 경쟁할 수밖에 없다. 이처럼 규제 철폐 자체를 경쟁시킬 수 있는 모든 아이디어를 고민해야 한다.

나라 밖으로 시선을 돌리면 그 필요성을 실감할 수 있다. 웨이모Waymo나 우버Uber 등 완전 무인 택시 서비스를 제공하는 미국 기업들은 여러 도시에서 시범 사업을 하고 있다. 가장 활발한 곳이 애리조나 피닉스, 텍사스 오스틴, 조지아 애틀랜타다. 이 업체들이 관련 규제가 없거나 가장 사업 친화적인 지역을 골라 찾아간 결과다. 단일국가 체제로 전국 공통의 규제를 적용하는 한국에선 불가능한 일이다. 서울시가 자율주행 택시 서비스를 처음 도입했지만 시범 사업은 극히 제한된 형태로 이뤄지고 있다. 정부의 획일적인 규제 탓에 테스트 드라이버가 동승하는 조건으로 강남구와 서초구에서 평일 심야(밤 11시부터 다음 날 오전 5시까지)에만 가능한 실정이다.

이처럼 각종 규제가 전국에 획일적으로 적용돼 발생하는 문제가 하나둘이 아니다. 최저임금, 주 52시간 근무 등을 둘러싼 논란과 갈등이 해를 거듭할수록 커지는 것도 같은 이유다. 최저임금의 경우 1980년대 중반 도입 당시 지역별 차등 적용 방안을 검토했으나, 지역감정을 유발할 수 있다는 우려로 지역 간 차등 대신 사업별 차등을 적용하기로 한 것이 지금까지 이어지고 있다. 최저임금은 물가상승률과 생활비 증가를 반영해 조정돼야 하기에 지역적 차등을 두는 게 상식적이다. 2023년 기준 서울의 평균 아파트 가격은 약 13억 1천만 원, 지방은 약 3억 4,200만 원이다. 생계에 가장 큰 영향을 미치는 주거비의 격차가 이렇게 큰데 전국에 똑같은 최저임금을 적용하는 것 자체가 억지스러운 일이다. 규제도 마찬가지다. 과감한 지방 분권을 통해 전국 지차제가 자기 실정에 맞는 규제를 정할 수 있게 해야 한다. 이것이 규제 혁파에 돌파구가 될 수 있다.

인공지능 시대에도 혁신은 결국 사람이 하는 것이다. 혁신적 인재를 배출하고 이들을 품어 줄 혁신 생태계를 옥죄는 규제가 있다면 가장 먼저 뿌리 뽑아야 한다. 미국이 모든 혁신 기술을 선도해 온 데엔 이유가 있다. 그 원천은 실리콘밸리다. 실리콘밸리의 아버지로 불리는 스탠퍼드대 공대학장은 대학 근처에 '스탠퍼드 리서치 파크'라는 산업단지를 조성하고, 정부에서 연구비를 지원받아 졸업생들에게 창업을 권유하거나 투자를 했다. 이 과정에서 무슨 규제 때문에 꿈을 접었다는 미국 스타트업의 얘기를 들어본 적이 있나.

반면 서울의 대학 상당수는 최근까지도 용적률 규제 탓에 혁신연구단지 조성 같은 시도조차 할 수 없는 상황이다. 내가 대학 규제완화에 팔을 걷어붙인 것도 대학이 인공지능 시대 한국의 성장엔진이자 인재의 요람이 돼야 한다는 신념에 기인한다. 양자컴퓨팅이나 합성생물학 같은 미래 먹거리 혁신 분야에서 세계적 과학자가 한 사람만 나와도 10만 명, 100만 명을 먹여 살린다. 대학의 학구열을 꺾는 모든 규제를 발본색원해야 한다.

규제 철폐를 위해 가야 할 길은 멀고 험난하지만, 절망적이진 않다고 믿는다. 얼마 전 '기업 중심 성장 지향형 규제개혁' 포럼에서 만난 한상우 코리아스타트업포럼 의장의 발언을 소개한다.

> "정부는 창업하라, 혁신하라 해놓고 온갖 규제를 들이밀며 정말 억지스러운 유권해석을 내놓습니다. 1970년대, 1980년대에 만들어진 법으로 2020년대의 상황을 해석합니다. (중략) 로톡, 닥터나우, 삼쩜삼과 같은 혁신 플랫폼들은 변호사협회, 의사협회, 세무사협회 등 단체들과 지금도 갈등 중입니다. 이들은 경쟁을 제한해 비용을 늘리고 소비자 후생을 후퇴시켜 왔습니다. 플랫폼이

보여 준 높은 투명성과 양방향 정보 대칭성에 심한 거부감을 보입니다. 아직 제대로 시작도 하지 못한 플랫폼을 독과점할 것이라 악마화하고 자신들은 중세의 길드 같은 조직을 수성하려 합니다."

"다행히 성과도 많았습니다. 배민, 야놀자, 오늘의집은 시민의 일상에 깊숙이 들어와 사랑받고 있고, 토스나 두나무는 규제의 끝판왕인 금융시장에서도 진정한 혁신을 이루어 내고 있습니다. 수조 원의 적자를 보던 쿠팡은 커머스 세계를 완전히 뒤집어 놓았고, 하이브는 케이팝의 신화를 매일 다시 쓰고 있습니다. 모두 스타트업입니다. 리벨리온은 인공지능 반도체를 설계하고, 업스테이지, 리턴제로, 트웰브랩스는 인공지능 솔루션을 말합니다. 바이오 헬스케어 혁신기업들과 인구변화, 지역 소멸, 기후위기에 대응하는 수많은 스타트업의 도전도 계속 이어지고 있습니다. 혁신은 아무리 죽여도 다시 살아납니다."

규제를 푼다는 건 단순히 장벽을 없애자는 게 아니다. 기회를 만들고, 삶의 방식을 바꾸고, 미래를 여는 일이다. 규제가 풀리면 창업이 쉬워진다. 좋은 아이디어가 현실이 된다. 일자리가 늘어난다. 그리고 사람들은 다시 도전할 용기를 얻는다. 모든 공무원은 규제 철폐가 기업에 대한 시혜라는 발상을 버리고 절박한 심정으로 임해야 한다.

나는 항상 서울시 공무원들에게 '규제 철폐는 시대적 과제'라고 강조해 왔다. 규제 철폐는 일회성 이벤트가 아니다. 규제 철폐가 대한민국의 디엔에이DNA가 돼야 한다. 과거 영국이 복지 정책에 대한 진심을 강조하기 위해 '요람에서 무덤까지'란 표현을 썼듯이 한국은 '스타트업에서 대기업까지' 규제 철폐에 진력해야 한다. 규제 철폐가 애국이다.

주

1 의도한 해결책이 오히려 문제를 악화시키는 현상으로 정부가 계속 규제를 만들고, 그 규제가 실패하면 다시 또 다른 규제를 만들어 대응하는 규제의 악순환을 뜻한다.

2 특정 산업이나 시장을 구획하여 각 영역에 대해 서로 다른 규제를 적용하는 경우를 가리킨다. 부처 이기주의에서 기인한 측면이 크다.

3 다수 부처와 법령이 관련되거나 다양한 이해관계가 복잡하게 얽혀 있는 규제를 뜻한다.

4 한국에만 존재하는 특수한 규제를 의미한다.

5 법적 근거가 없거나 불명확한 상태에서 이뤄지는 정부의 불합리한 개입 관행을 가리킨다.

4장

KOGA를 위한 경제정책

적극적인 재정투자

국가경쟁력은 기술과 기업 없이는 이룰 수 없다. 한국이 세계 최빈국에서 대외 원조를 시행하는 선진국 반열에 올라서는 기적의 역사를 쓸 수 있었던 것은 1950년대 원자력, 1970년대 조선·자동차·철강, 1980년대 반도체라는 사과나무를 제대로 심었기 때문이다. 오늘날 한국은 세계에서 가장 빠른 인터넷 속도, 인터넷 보급률 97.4퍼센트, 세계 최초 5G 상용화 등을 자랑한다. 명실상부한 정보통신기술ICT 강국이다. 이렇게 디지털전환을 주도할 수 있었던 것은 1990년대 정보화라는 세계적 추세가 태동하던 때부터 정부의 적극적인 정책으로 정보산업의 우위를 선점한 덕분이다.

당시 정부는 정보통신부 설립(1994년), 정보화촉진 기본계획 수립(1996년), 정보화촉진기본법 제정(1996년) 등 정보화 사회로의 진입을 종합적이고 체계적으로 추진할 수 있는 기반을 마련했다. 또 김영삼, 김대중 대통령이 정보화 관련 회의를 직접 주재하며 초고속정보통신망 등 인프라 구축과 정보통신기술 투자 확대에 국가적 역량을 결집했다. 통신산업의 전면적인 자유화로 여러 새로운 기업들이 시장에 진입해 한국은 단기간에 정보화 강국으로 도약할 수 있었다.

인공지능 혁명이 불러일으킨 파도가 거세다. 미래 한국의 먹거리가 될 새로운 산업에서 사과나무를 키울 때다. 4대 첨단산업, 5대 창조산업, 기후테크, 에이지테크 등 미래 신산업에 필요한 인프라 투자, 인재 양성, 투자 재원, 기술개발 등에 국가재정을 효율적으로 투입하는 적극적인 정책이 필요하다.

인프라 투자

한국은 1990년대 정보고속도로를 선제적으로 구축하여 IT산업의 우위를 선점했다. 이제는 4차 산업혁명과 인공지능 시대를 선도할 수 있도록 관련 인프라를 구축하는 데 국가재정을 집중 투입해야 한다. 예를 들면 안정적인 전력 공급을 위한 국가기간전력망 확충, 인공지능 GPU 부족 문제를 해결하기 위한 국가 인공지능 컴퓨팅 센터 설립, 국가 인공지능 클라우드 구축, 신약 개발을 위한 바이오뱅크와 유전체 데이터베이스 구축 등이 그것이다. 또 보스턴 바이오클러스터와 같이 네트워킹하며 집단지성을 활용하고 다양한 파트너십을 활성할 수 있는 수평적이고 개방적인 생태계를 조성하고, 이에 필요한 산업 특화 생태계 기반의 메가 클러스터를 구축해야 한다.

인공지능산업의 확산, 데이터센터의 증가, 전기차 보급 등으로 전력 수요가 폭발적으로 증가하고 있다. 제11차 전력수급기본계획(2024~2038년)에 따르면 정부는 2038년 전력 수요 전망을 2023년 최대수요(98.3GW) 대비 31GW 증가한 129.3GW로 예측했다. 용인 반도체 클러스터 등 첨단산업, 인공지능 확산에 따른 데이터센터 확대, 전기차 등의 전기화로 16.7GW의 추가 수요가 발생한다. 전체 전력 수요 증가분의 절반이 인공지능 때문인 셈이다. 폭증하는 전력 수요 이외에 전력 생산 측면에서도 재생에너지, 원자력발전과 같이 변동성이 큰 전력을 안정적으로 공급하기 위해서는 국가기간전력망 확충이 시급하다.

하지만 전력망 설치 지역이 있는 지자체와의 협력 부족, 주민들의 반대와 갈등, 송·변전 설비를 설치하는 데 따른 환경 파괴 논란 때문에 송전탑 건설이 벅찬 상황이다. '밀양 송전탑 사태'가 대표적이다. 울진 원전에서 생산된 전기를 수도권으로 송전하기 위해 필수적인 사업이지만 전혀 진척이 없었다. 다행히 지난 2월 '국가기간전력망 확충 특별법안'이 국회 본회의를 통과했다. 과감한 재정 투입을 통해 기간 전력망 확충에 속도를 내야 한다.

GPU 등 첨단 반도체에 기반한 인공지능 컴퓨팅 인프라는 인공지능 시대에 국가 핵심 기반이다. 주요국들은 물론이고 빅테크 업체 간에 인프라 경쟁이 이미 본격화하고 있다. 한국은 선진국 대비 GPU가 매우 부족한 실정이다. GPU가 포함된 고성능 슈퍼컴퓨터 500대의 국가별 보유 현황에 따르면 한국은 8위권이다. 1위인 미국이 172대를 보유한 것에 비해서 한국은 13대만 보유하고 있다.

엔비디아는 2023년 376만 장의 데이터센터용 GPU를 출하했다. 메타와 마이크로소프트 등 미국의 대형 테크 기업이 2023년 3분기에만 엔비디아의 H100 인공지능 GPU를 약 50만 개 사들였다. 트럼프 미국 대통령은 지난 1월 '스타게이트StarGate 프로젝트'를 통해 향후 4년간 5천억 달러 규모의 투자 계획을 발표했다. 바이두, 텐센트, 알리바바 같은 중국의 주요 기술 기업도 2023년 약 10만 장의 A800 GPU를 주문했고, 2024년에도 약 40억 달러 규모의 GPU를 추가 주문했다. 중국은행BOC은 지난 1월 향후 5년간 1조 위안 이상의 금융을 지원하는 '인공지능산업계 발전 지원 방안'을 발표했다. 영국은 인공지능 성장 구역AI growth zones을 도입해 데이터센터 건설 승인을 가속화하고 있다. 일본 정부도 약 2조 엔의 예산을 반도체 투자에 배정했다.

우리나라는 2023년 말 기준 민간기업을 포함한 최신형 GPU 보유량이 2천 장에 불과하다. 정부는 지난 2월 7,500만 원짜리

최신형(H100급) GPU 1만 장을 올해 안에 확보해 인공지능 전용 데이터센터인 '국가 AI 컴퓨팅 센터'를 조기에 개소하겠다고 발표했다. 당초 2030년으로 계획했던 센터 설립을 5년 앞당겼지만, 투입되는 재정 규모는 2027년까지 최대 2조 5천억 원에 불과하다. 인공지능 G3 도약을 뒷받침할 핵심 인프라 구축에 턱없이 부족한 규모다.

미래 인재 양성

미국 실리콘밸리엔 세쿼이아 캐피털 같은 대형 벤처캐피털이 밀집해 있다. 벤처캐피털은 스탠퍼드대 같은 연구기관과 협력하여 기술개발과 창업의 선순환 구조를 만들어 왔다. 영국은 세계 50위권 대학 졸업생들에게 2~3년간 구직활동을 허용하는 '고도인재 비자HPI'를 신설하여 글로벌 인재 유치에 적극적으로 나서고 있다.

서울의 스타트업 생태계는 최근 몇 년간 빠르게 성장하며 글로벌 창업 허브로 자리 잡고 있다. 글로벌 창업 생태계를 평가하는 스타트업 지놈의 2024년 발표에 따르면, 서울은 전 세계 창업 도시 순위에서 9위를 기록하며 도쿄(10위), 상하이(11위), 파리(14위), 베를린(15위) 등 글로벌 주요 도시를 앞질렀다. 그러나 인재 확보 측면에선 한계에 봉착해 있다. 서울은 고학력 인재와 활발한 연구개발 투자 환경을 갖추고 있지만, 전 세계 인재를 공격적으로 유치하는 실리콘밸리, 보스턴과 같은 지역에 비하면 경쟁력이 떨어진다. 실리콘밸리는 해외 우수 인력을 유치하기 위해 다양한 스타트업 비자 프로그램과 연구 지원제도를 운영하고 있지만 한국은 여전히 비자 발급, 노동시장 유연성 등에서 경쟁 상대가 되지 못한다.

미래 인재를 유치하고 양성하는 데 있어 국가가 해결해야 할 것이 많다. 우리나라 인공지능 연구자 규모는 2024년 기준 약 2만 1천 명 정도다. 중국(41만 명), 인도(19만 명), 미국(12만 명)의 5~18퍼센트 수준이다. 스탠퍼드대에서 발표하는 '글로벌 인공지능 인덱스'에서도 우리나라는 전년도와 동일한 전체 6위를 기록했다. 인재 역량 수준은 13위에 그쳤다. 특히 스탠퍼드대의 '인공지능 개발자 이주 지수'에서 한국은 2020년 0.3에서 2023년 −0.3으로 하락했다. 인공지능 인재 유출 문제가 갈수록 심각해지는 상황이다.

인공지능 인재는 새로운 인공지능 모델과 알고리즘을 개발하는 석박사 이상의 고급 인재, 인공지능 플랫폼과 시스템을 개발하고 산업에 응용하는 학사 이상의 중급 인재, 인공지능 플랫폼으로 소프트웨어 서비스를 활용하는 대학생과 직업 교육생 등 초급 인재 등으로 구분할 수 있다. 서울시는 지난 2월 'AI 서울 2025' 콘퍼런스에서 인공지능산업 육성을 위한 7대 핵심 전략을 공개했다. 이 가운데 연간 1만 명의 인공지능 핵심 인재를 양성하는 계획이

들어 있다. 서울시는 청년취업사관학교, 지자체 중심의 지역 특화 산업 인재 양성 프로그램RISE, 캠퍼스타운 등의 사업을 통해 고급·중급·초급 인공지능 인재를 수준별로 균형 있게 양성할 계획이다. 이 같은 인공지능 인재 양성 계획을 국가 차원에서 시급히 마련해야 한다. 산업·기술 변화에 대응해 신산업 맞춤형 대학 교육과 직업훈련 체계도 구축해야 한다. 특히 최근 재정 악화로 대학의 신산업 분야 인재 양성 기능이 크게 떨어졌는데 재정을 투입해서라도 정상화해야 한다.

나아가 초중등 과정에서부터 창의성과 융합적 사고를 배양할 수 있도록 교육시스템을 재구축해야 한다. 특히 보다 적극적으로 해외 고급 인력 유치에 나서야 한다. 큰 틀에서 이민정책을 체계적이고 효과적으로 다듬을 필요성이 점점 커지고 있다. 이 문제는 높은 수준의 이민정책을 추진하기 위한 '이민청' 설립으로 귀결된다. 미래 정부의 기능 조정과도 맞물리는 문제다.

'스타트업, 스케일업' 투자

글로벌 혁신 경쟁 시대에는 기술, 자본 등의 전통적 생산요소보다 기업가정신이 국가경쟁력을 결정하는 핵심 요인이다. 산학협력 연구개발 생태계를 혁신하고 글로벌경쟁력을 갖춘 미래 핵심 인재를 육성해 대학 창업기업을 기반으로 한국판 실리콘밸리의 성공신화를 만들어 가야 한다. 첨단기술 분야는 적자생존과 승자

독식이 일상화된 경쟁의 장이다. 적기 투자가 기술 경쟁에서 중요한 핵심 요소이다. 충분한 투자와 자원을 제공하는 '선택과 집중'식 대규모 지원책 등 벤처와 스타트업이 유니콘기업으로 성장할 수 있는 기반을 만들어 줘야 한다.

스타트업과 유니콘기업을 적극 육성해야 한다는 요구가 거세다. 서울시는 최첨단 신산업 분야의 기업이 안정적으로 성장할 수 있도록 대규모 펀드를 조성하여 재정적 지원 기반을 강화하고 있다. 5조 원 규모의 '서울비전 2030 펀드'와 1천억 원 규모의 '유니콘 창업 허브' 전용 펀드를 조성해 잠재력 있는 스타트업이 유니콘기업으로 성장할 수 있도록 지속해서 지원할 예정이다. 서울시는 유니콘기업 육성 정책의 초점을 단기적인 창업 지원이 아니라 지속가능한성장 모델을 구축하는 데 두고 있다. 2030년까지 서울은 50개의 유니콘기업을 육성할 계획이다. 인공지능, 로봇, 핀테크, 바이오 등 다양한 분야에서 글로벌경쟁력을 갖춘 기업이 탄생하기를 기대한다.

유니콘으로 성장하려는 스타트업은 이미 사업 초창기를 지나 일정 규모를 갖추고 있다. 이들은 직원 수백 명을 고용하고, 적게는 수백억 원에서 많게는 수천억 원의 투자금을 유치한 경우가 많다. 이들 기업을 한 단계 도약시키기 위해 지원 정책을 펼치면 '잘나가는 기업만 돕는다'는 지적이 나올 수 있다. 그래도 유니콘기업을 육성해야 한다. 100억 원을 1억씩 쪼개 지원하는 식으로는 유니콘기업이 나올 수 없다. 한 기업에 집중투자해야 글로벌경쟁력을 지닌 데카콘decacorn 기업이 탄생한다. 우리 정부의 연구개발 예산은 약 29조 6천억 원이다. 이 가운데 인공지능, 반도체, 양자, 바이오 등 선도형 연구개발 지원 예산은 4조 3천억 원이 전부다. 중국은 2030년까지 인공지능산업에만 1,900조 원을 투자할 계획이다. 미국 역시 인공지능 인프라에 700조 원을 투입한다. 대한민국의 미래를 이끌 첨단산업을 위해 500조 원 규모의 '다시 성장KOGA 펀드' 조성할 것을 제안한다.

원천기술 개발에 투자

고부가가치산업을 창출해 새로운 초격차를 확보하려면 시장의 판도를 바꿀 원천기술 개발에 집중투자해야 한다. 4차 산업혁명의 핵심 기술로 평가받는 인공지능은 경제, 산업, 사회 전반을 재편하는 혁신의 동력이 될 것이다. 최근 중국의 인공지능 스타트업, 딥시크의 등장은 글로벌 인공지능기술 경쟁에 새로운 균열을 만들었다. 우리와 같은 추격자도 따라잡을 수 있다는 희망과 가능성을 엿봤다. 국가경제 전반에 인공지능을 도입해 경제 체질의 대전환을 이뤄야 한다. 그래야 대한민국 국가경쟁력이 퀀텀점프하게 될 것이다. 인공지능뿐 아니라 양자컴퓨팅, 핵융합에너지, 우주항공 분야에 주목할 필요가 있다.

미래산업의 게임체인저로 불리는 양자컴퓨팅을 놓고 세계 각국은 총성 없는 전쟁을 벌이고 있다. 글로벌 컨설팅사 보스턴컨설팅그룹BCG에 따르면 2040년 양자컴퓨팅 시장의 규모는 900억~1,700억 달러, 양자컴퓨팅이 미칠 경제적 파급력은 이보다 50배 큰 4,500억~8,500억 달러로 전망된다. 우리나라도 2021년 '양자기술 연구개발 투자전략'을 발표했고, 2023년 '양자과학기술 전략'과 2024년 '퀀텀 이니셔티브'를 마련해 기술개발에 드라이브를 걸었다.

핵융합에너지는 탄소를 배출하지 않고, 고준위 방폐물도 발생시키지 않으면서 폭발 위험이 없어 안전성이 높은 미래에너지로 각광받고 있다. 주요 국가들은 민간기업과 협력해 핵융합에너지의 상용화를 앞당기기 위해 각축하고 있다. 우리나라도 한국형 초전도 핵융합연구장치인 한국형핵융합연구로KSTAR의 건설·운영과 국제핵융합실험로ITER 사업 참여를 통해 대규모 핵융합로 설계·제작·운영 기술을 축적하고 있다.

글로벌 우주 경제 규모는 2035년까지 약 2,400조 원으로 성장할 것으로 전망한다. 한국은 우주항공청 개청, 누리호 2·3차 발사, 달궤도선 다누리 발사를 통해 세계 7대 우주 강국에 진입한 것으로 평가받는다. 여기까지가 '우주개발 1.0 시대'였다면 이제 '우주개발 2.0 시대'로 도약해야 한다. 신뢰도 높은 내耐방사선 반도체 개발, 한국형 우주 스타트업 생태계 조성, 국가 우주기술의 민간 이전 정책 수립 등 풀어야 할 숙제가 적지 않다.

금융산업·자산시장 활성화

금융은 단순한 돈의 흐름을 넘어 경제의 혈맥이자 미래를 위한 투자다. 금융이 성장해야 대한민국이 발전하고, 금융이 강해져야 국민 한 사람 한 사람의 삶이 안정된다. 특히 우리 경제의 허리인 중산층을 두터이 하고 우리의 미래인 청년층에게 희망을 주기 위해 금융이 담당해야 할 역할이 크고 중요하다. 그동안 우리 금융산업은 규모 면에서 괄목할 만한 성장을 이뤘다. 하지만 실물 부문에 생산을 유발하는 효과(전방연쇄효과)는 2000년 이후 20년 넘게 제자리걸음이다. 금융서비스가 생산유발효과가 높은 제조업보다는 부동산·임대, 도소매, 음식·숙박 같은 일부 서비스업종에 편중됐기 때문이다. 금융이 덩치만 커졌지 본연의 역할을 등한시해 온 것이다. 금융 자원을 효율적으로 배분하려는 사회적 관심과 노력 자체가 부족했다.

우리 금융은 고부가가치산업으로 도약하지도 못했다. 디지털금융으로 전환과 디지털금융 스타트업 육성이 선진국에 비해 크게 뒤처진 상태다. 수많은 규제가 디지털금융 혁신의 발목을 잡아 왔다. 우리 금융의 미래를 진지하게 고민할 때다. 이른바 '빅블러big blur' 시대다. 산업과 산업, 온라인과 오프라인, 기업과 비영리조직 사이의 경계가 모호해지고 서로 융합하는 세상이다. 금융도 마찬

가지다. 전통적 금융 개념에 매몰돼선 도태되고 만다. 혁신 금융으로 시야를 넓혀야 한다. 이를 통해 아시아 금융시장의 주도권을 확보하고 글로벌 금융시장에서 한국의 위상을 강화할 구체적 로드맵을 마련해야 한다. 그래야 빛의 속도로 진행되는 디지털금융 혁신 경쟁에서 낙오하지 않을 것이다.

국제 금융허브 코리아, 아시아의 디지털금융 중심지 한국

희망적인 건 우리에게 서울과 부산이 있다는 것이다. 최근 일본 모리기념재단이 발표한 2024 세계 도시 종합경쟁력 지수GPCI 평가에서 서울시는 전체 48개 도시 가운데 6위를 차지했다. 금융 도시를 지향해 온 부산시는 블록체인 규제자유특구(2019년 7월)와 금융기회발전특구(2024년 6월)로 지정돼 발전의 토대를 마련한 상태다. 특히 서울과 부산은 세계 주요 도시의 금융경쟁력을 측정하는 국제금융센터지수 2024년 평가에서 각각 11위와 25위에 올랐다. 같은 조사에서 독일의 금융 수도 프랑크푸르트가 10위, 도쿄가 20위였다. 2개 이상의 도시를 30위 안에 올린 국가는 6개국(미국, 영국, 스위스, 캐나다, 중국, 한국)에 불과했다. 서울과 부산의 장점을 살려 시너지를 극대화한다면 디지털금융 허브로 도약하는 일이 불가능한 얘기만을 아닐 것이다.

서울과 부산의 역할 분담과 관련해서는 유럽 사례를 참고할 만하다. 독일의 금융은 전통적으로 프랑크푸르트 중심이다. 독일연방은행과 증권거래소, 유럽중앙은행뿐 아니라 웬만한 글로벌 금융기관과 신용기관이 이곳에 둥지를 틀고 있다. 유럽연합EU이 가상자산 감독을 위해 새로 설치하는 자금세탁방지기구AMLA 본부도 이곳에 문을 연다. 하지만 혁신적인 금융 기술과 스타트업은 주로 베를린에서 꽃을 피우고 있다. 300개가 넘는 독일 최대의 핀테크 생태계가 갖춰져 있고, 2022년 기준 49억 유로가 투자되는 등 베를린은 벤처캐피털 투자의 중심지로 자리매김했다. 런던의 '백 오피스back office'를 기치로 내걸고 증권 보관, 주식 대여, IT, 자산평가 등 특화 금융에 집중해 세계적 금융허브로 발돋움한 더블린도 부산의 본보기가 될 수 있다. 한국증권선물거래소 본사가 부산에 있다는 점을 활용해 증권선물에 특화하는 것도 방법이다. 핵심은 부산이 서울과 소모적 경쟁을 벌이기보다 수도권 금융허브를 측면 지원하거나 비교 우위에 있는 분야를 정밀 타격하듯 집중 육성하는 것이다.

과거 해외의 금융허브들은 튼튼한 실물경제를 배경으로 성장했다. 아울러 영어의 통용과 수준 높은 생활환경을 비롯해 글로벌 표준에 부합하는 금융 관련 법과 제도를 일찍이 완비하고 오랜 기간 금융 중심지로 번영을 구가했다. 뉴욕, 런던, 홍콩 등이 대표적이다. 전통적인 금융시스템의 관점에선 서울과 부산이 이들 도시의 경쟁력을 넘어서기 어려운 게 현실이다. 하지만 코로나 팬데믹, 홍콩 사태 등을 거치며 글로벌 금융 환경에도 급격한 변화가 불어

닥쳤다. 디지털금융이 급속히 확산되며 금융의 전통적 개념 자체가 흔들리고 있다. 마침 한국에서는 오픈뱅킹 도입, 데이터 3법 개정, 마이데이터 사업 시행, 종합지급결제업 허용 등 디지털금융을 확산하기 위한 제도적 인프라가 정비되고 있다. 최근 1년간(2023년 7월~2024년 6월) 거래된 가상자산 규모도 1,300억 달러로 동아시아 국가 가운데 가장 컸다. 핀테크 기업도 2014년 131개에서 2020년 637개로 늘어날 정도로 양적 팽창도 현저하다.

이런 변화의 중심에 서울이 있다. 서울시는 국제금융 중심지로 도약하기 위한 제도와 인프라를 구축하는 데 적잖은 노력을 기울여 왔다. 한국 금융사의 88.5퍼센트, 핀테크 기업의 73퍼센트가 집중된 점을 활용해 각종 지원정책을 꾸준히 펴왔다. 특히 여의도를 국제금융 중심지로 발전시키기 위해 건물 높이 제한을 없애고 용적률을 최대 1,200퍼센트까지 허용하는 등 도시계획 규제를 완화했다. 금융 특별개발구역 내 건물 높이 제한을 없애 350미터 이상의 초고층빌딩 건설도 가능해졌다. 외국 금융기업 유치를 위해 IFC서울에 낮은 임대료로 사무실도 제공하고 있다. 이런 노력은 외부 기관들의 객관적 평가를 통해 성과로 입증되고 있다. 서울은 2024 국제금융센터지수 조사에서 종합 11위를 차지했지만 핀테크 분야에선 10위, '향후 보다 중요해질 것 같은 15개 금융 센터 The 15 Centres Likely To Become More Significant' 순위에선 1위를 기록했다. 디지털금융의 중심지로서 서울의 잠재력을 엿볼 수 있는 대목이다.

서울시의 역점 사업인 서울핀테크랩을 계속 확대할 필요가 있다. 세제, 금융, 컨설팅의 세 갈래로 사업자에 대한 지원을 확대하며 외국 기업에 과감하게 문호를 개방해야 한다. 해외 핀테크 기업과 금융 및 IT 인력, 벤처캐피털(VC, 성장기 스타트업에 대규모 자본 투자)과 엑셀러레이터(AC, 초기 스타트업에 소규모 자본 투자)를 적극 유치하는 것도 중요하다. 핀테크 기업에 대해서는 기업 생애주기에 따른 자금 지원, 세제 혜택, 법률 및 경영 컨설팅 맞춤 지원, 자금 회수와 벤처캐피털의 투자와 관련된 규제완화 및 세제 혜택, 핀테크 지원용 대규모 공공펀드 조성과 민간 모험자본 생태계 구축, 규제자유특구 조성 시 연계 지원 확대 방안까지 폭넓게 논의하고 시행할 수 있다.

하지만 서울시의 독자적인 노력만으로 국제금융 중심지가 되기엔 한계가 있다. 여의도가 2009년 국제금융 중심지로 지정됐는데도 수도권 과밀억제권역에 해당한다는 이유로 법인세와 소득세 감면 혜택을 받지 못하는 게 대표적이다. 국제금융 중심지란 타이틀이 낯 뜨겁다. 서울과 경쟁하는 싱가포르, 홍콩, 상하이 등은 세금을 면제하거나 대폭 깎아 주고 보조금을 지급하는 등 각종 혜택을 퍼부으며 글로벌 금융기관들을 유혹하고 있다. 법인세율만 봐도 홍콩 16.5퍼센트, 싱가포르 17퍼센트, 한국 24퍼센트다. 획기적 감면 카드 없이 이 경쟁에 뛰어든 서울은 소총 한 자루 없이 전

선에 투입된 병사와 다를 게 없다. 외국계 금융회사의 국내 점포 수가 2016년 이후 정체된 것도 우연이 아닐 것이다. 글로벌 금융기관들이 세제 혜택이 미비하다는 이유로 서울 진출을 단념한다면 이는 서울 역차별 수준의 문제가 아니라 막대한 국가적 손해가 아닐 수 없다. 이런 금융 관련 규제는 대부분 상위 법령의 제·개정 사항으로 국회와 중앙정부의 적극적 협력이 필수적이다. 여전히 금융을 규제의 관점에서 바라보는 시대착오적 입법과 행정을 극복하지 못하면 '국제 금융허브 코리아'란 목표는 몽상에 그치고 말 것이다.

여의도를 금융 규제자유특구로 지정하자는 목소리도 이런 맥락에서 나오는 것이다. 특구 지정을 통해 법인세, 거래세, 양도세 감면 등의 세제 혜택이 상시화되면 글로벌 금융회사의 한국 법인이나 지점뿐 아니라 국제금융기구의 본부와 리서치센터를 유치하는 매력적인 인센티브가 될 것이다. 두바이국제금융센터DIFC는 상업거래 등에서 두바이 법이 아닌 국제법을 적용하고 있다. 이를 위해 독립적인 법원까지 둘 정도로 눈높이를 외국 기업에 맞추는 데 적극적이다. 여기에 영어 공용, 외국인 학교와 병원 제공 등의 혜택까지 제공하고 있다. 두바이를 따라 하자는 게 아니다. 눈높이 자체를 세계 표준에 맞추는 발상의 전환이 시급하다는 얘기다. 이런 노력을 통해 서울을 디지털금융의 테스트베드, 디지털 자산의 글로벌 허브로 자리매김시켜야 한다.

가상자산 시장 육성과 산업진흥을 '적어도 미국 수준'으로 지원

도널드 트럼프 미국 대통령은 얼마 전 비트코인과 이더리움을 비롯해 다섯 가지 가상화폐를 '전략적 비축 준비금reserve'으로 매입하는 행정명령에 서명했다. 가상화폐를 금이나 원유 같은 전략자산으로 취급하겠다는 선언인 셈이다. 몇 년 전까지만 해도 가상자산을 '범죄로 가득 찬 사기'라고 하던 사람이 태도를 180도 바꿨다. 이번 재선 과정에서 "미국을 가상자산 수도crypto capital로 만들겠다"고 하더니 취임하자마자 백악관에 '암호화폐 차르'를 임명했다. 트럼프가 아무리 변덕이 심하고 납득하기 어려운 언행을 일삼는다 해도 간과할 수 없는 행보다.

가상자산은 투기성이 크고 내재 가치가 없다는 비판에도 불구하고 해외시장을 중심으로 제도권 금융에 속속 진출하고 있다. 가상자산에 투자하는 투자은행과 자산운용사가 계속 늘어나고 비트코인 현물과 선물에 투자하는 상장지수펀드ETF, 이하 ETF도 잇따라 출시되고 있다. 암호화폐 거래소까지 미국 증시에 상장된 상태다. 가상자산을 빼놓고는 디지털 혁신 금융을 논할 수 없는 시대가 됐다.

한국은 2017년 12월 긴급대책 및 특별대책 이후 가상자산에 대해 세계에서 가장 보수적인 정책 프레임을 고수해 왔다. 전 세계 투자자에게 허용된 비트코인 현물 ETF 매매가 한국에서만 금지돼 있다. 비트코인 자체는 가능한데 ETF 거래는 막아 놓은 우스꽝스러운 상황이다. 국제금융 패러다임이 급변하는 상황에서 규제 일변도에다 앞뒤도 맞지 않는 정책 기조를 언제까지 유지할 것인지 진지하게 고민할 때다. 한국은 정보통신기술 인프라가 강력하고 디지털금융 이용률도 매우 높다. 가상자산 시장 또한 유동성과 기술력 면에서 충분한 성장잠재력을 갖추고 있다. 규제가 아니라 육성의 시각으로 접근해야 할 때다.

기존 정책이 이용자 보호에 집중되었다면 이제는 산업 발전을 위한 지원에도 무게를 실을 필요가 있다. 미국과 유럽이 가상자산 ETF를 도입하고 기관투자자의 시장 참여를 허용해 시장을 키운 것처럼 한국도 가상자산을 실물경제와 연계할 수 있도록 제도적 인프라를 갖추어야 한다. '가상자산 및 블록체인을 활용한 금융혁신 촉진법(가칭 가상자산 기본법)'을 제정해 가상자산의 발행·거래와 관련된 명확한 제도를 마련하는 게 급선무다. 이를 통해 가상자산 ETF, 법인 거래, 토큰증권STO 등 선진국들이 시행하고 있는 제도를 적극 수용해야 한다. 2027년부터 시행 예정인 가상자산 소득세(20퍼센트)도 폐지하고 증권거래세처럼 가상자산 거래세를 부과하는 것을 제안한다. 정부와 민간이 공동으로 조성하여 블록체인과 가상자산산업에 투자하는 '가상자산 혁신 펀드'를 조성하는 방안도 검토할 만하다.

디지털금융 시대의 새로운 성장동력인 동시에 투기성이 농후한 가상자산의 특성상 정책을 마련하는 데 있어 규제와 육성 사이에서 균형을 잡는 게 무엇보다 중요하다. 명확한 규제와 투자자 보호장치는 가상자산 시장이 건전한 금융시장으로 자리 잡기 위해 필수불가결하다는 점을 잊어선 안 된다. 세계 표준에 맞춰 제도적 장치를 마련해 나간다면 시장의 안정성과 신뢰를 확보할 수 있다. 이런 노력을 통해 가상자산이 제도권 금융의 한 축으로 자리 잡는다면 금융시장 전반에 혁신과 활력을 불어넣게 될 것이다.

자산시장 활성화와 중산층·청년층의 자산 형성 지원

개인투자자들 사이에 '국장 탈출은 지능 순'이란 말이 있다. 하루라도 빨리 투자 환경이 후진적인 한국 증시를 떠나 해외 증시에 투자하는 게 상책이란 뜻을 담은 자조적 표현이다. 주주 환원이 미미하고 걸핏하면 유상증자와 자회사 중복 상장으로 주주 가치를 훼손하는 한국 주식시장에 환멸을 느낀 개미투자자들이 적지 않다. 실제 최근 몇 년간 해외투자가 들불처럼 번지며 작년 서학개미의 미국 주식 보관 금액과 한국의 순대외금융자산이 1천억 달러와 1조 달러를 각각 돌파했다. 그만큼 국내 자산시장이 정체 또는 위축되고 있다는 의미다. 이런 추세를 반전시키지 못하면 한국 자본시장의 미래는 밝지 않다.

단기 투기로는 결코 국내 자본시장을 살릴 수 없다. 그런데 한국의 과세 체계는 장기투자자에게 유리하긴커녕 불리하게 설계돼 있다. 가령 3년 보유한 펀드의 수익이 다른 금융소득과 합쳐 2

천만 원이 넘으면 최대 49.5퍼센트의 누진세가 적용된다. 금융소득 종합과세 기준이 과거 4천만 원에서 2013년 2천만 원으로 축소됐기 때문이다. 세금 폭탄을 피하려면 수익이 커지기 전에 미리 자주 매도할 수밖에 없다. 장기투자가 아니라 단기투자를 부추기는 셈이다. 펀드 업계에서도 장기투자를 권하지 않는다.

현재로선 개인이 장기투자를 하려면 개인종합자산관리계좌ISA, 이하 ISA를 활용하는 수밖에 없다. ISA의 비과세 한도(200만 원)를 투자 기간에 따라 확대하고 ISA 상품의 납입 한도(연 2천만 원)와 총 납입기간(5년)을 대폭 늘려야 한다. 사실 작년 말 정부가 이런 방향의 세제 지원 확대안을 준비했으나 야당 반대로 무산돼 투자자들의 실망이 컸다. 미성년자 대상의 '주니어 ISA'를 도입해 어릴 때부터 주식시장과 친숙해지도록 할 필요가 있다. 대주주를 제외한 장기투자자의 배당소득세를 보유 기간에 따라 과감히 감면하고 배당소득 자체를 분리과세하는 것도 효과가 클 것이다. 배당소득 역시 다른 금융소득과 합쳐 2천만 원이 넘으면 최대 절반을 세금으로 내기 때문이다. 이런 부담을 줄여 장기투자의 매력을 키우는 게 중요하다.

코리아 디스카운트와 박스피에 지쳐 국장을 탈출한 서학개미들은 과세 차별에 좌절한다. 국내 주식 매매차익은 대주주를 제외하면 전액 비과세지만, 해외 주식 매매차익은 250만 원까지만 비과세고 그 이상은 양도소득세 20퍼센트가 부과되기 때문이다. 해외 주식 투자는 단순히 개인의 자산 형성이란 차원을 넘어 글로벌 국부國富 창출의 의미도 있다. 해외직접투자FDI와 다를 게 없다. 투자자의 입장에서 국내시장을 해외시장보다 우선시할 이유가 없다. 국민연금기금도 국내 주식의 두 배 수준인 금융 투자의 33~36퍼센트를 해외 주식에 투자하고 있다. 굳이 과세에 차별을 둘 필요가 있는지 의문이다. 국내 주식 거래와 마찬가지로 해외 주식 거래에 대해서도 양도차익에 비과세 혜택을 제공해 투자자들의 숨통을 틔워 줘야 한다.

저성장의 늪에 빠진 한국 경제에 활력을 불어넣는 것만큼이나 중요한 게 양극화 해소이고, 이를 위해 가장 신경 써야 할 일이 중산층의 확대와 사회 초년생들의 자산 증식이다. 이것을 가로막는 모든 장애물을 치운다는 각오로 정책을 구사해야 한다. 그런 점에서 우리 청년들이 직면한 심각한 자산 격차 문제를 그냥 넘길 수 없다. 부모의 경제력에 따라 출발선이 다르고, 형편이 어려운 청년들은 학자금이나 전월세 마련도 벅차다. 이러한 상황이 계속되면 자산 불평등이 갈수록 심화돼 사회적 통합은 물론 국가의 성장 잠재력까지 갉아먹는다.

그런 차원에서 '차일드 시드머니 펀드'와 '차일드 시드머니 적금'의 도입을 제안한다. 출생 때부터 정부와 부모가 일정 금액을 납입해 아이들에게 목돈을 만들어 주는 것이다. 과거 영국이 시행한 '아동신탁기금CTF'과 유사하다. 이 제도가 잘 정착되면 아이들은 성인이 됐을 때 약 4천만 원을 손에 쥘 수 있다. 빈곤의 대물림을 끊고 청년층의 자산 격차를 완화하는 데 분명히 일조할 것이다. 이제 우리 사회도 '지원'이 아닌 '투자'로 미래 세대의 삶을 실질적으로 바꾸는 정책을 구사할 때가 됐다.

이 제도는 자본시장에도 활력을 불어넣게 될 것이다. 현금 살포에 가까운 부모급여와 아동수당에 비해 장기적이고 안정적인 자금이 국내 주식시장으로 유입되기 때문이다. 국장에서의 장기투자를 독려하고 서학개미들의 과세 차별을 없애는 정책과 어우러져 시너지를 낼 수 있다. 이렇게 되면 국민의 여유 자금이 부동산이 아닌 주식시장으로 흐르게 될 것이다. 자본시장 자체의 성장을 넘어 국민 전체의 자산 증대라는 선순환을 만들 수 있다.

문제해결형 세금 정책

세금은 단순히 국가재정을 충당하는 수단이 아니라 건전한 자산 형성을 유도하고, 경제와 사회문제 해결을 지원하는 방향으로 설계해야 한다. 한국의 조세제도는 경제와 사회의 급속한 변화상을 기민하게 반영하지 못한 게 사실이다. 과거의 틀에 갇혀 현실과 동떨어진 부분이 많을 뿐 아니라, 이제는 성장의 발목을 잡는 장애물로 작용할 때도 있다. 세수 확보만 지나치게 중시한 나머지 국가경제와 사회구조를 건강하게 만드는 역할을 외면한 측면도 있다. 소탐대실을 일삼는 세무 당국의 근시안적 행정을 탓하기에 앞서, 조세정책을 포퓰리즘의 도구로 남용해 온 정치권부터 자성이 필요하다.

건전한 자산 형성을 저해하는 비정상적인 세금

모처럼 정치권에서 상속세법 개정 논의가 활발하다. 지난 2월 민주당 이재명 대표가 "세금 때문에 집 팔고 떠나지 않게 하겠다"며 페이스북에 올린 글이 도화선이 됐다. 일괄 공제 5억 원, 배우자 공제 5억 원을 각각 8억 원과 10억 원으로 증액하겠다는 게 요지였다. 상속세가 면제되는 주택 가격 한도를 10억 원에서 18억 원으로 올린다는 것이다. 상속세 감세를 '초부자 감세'라 맹비난해 온 민주당이 이러는 데엔 다 이유가 있다. 비상계엄과 탄핵 정국으로 조기 대선 가능성이 커지자 중도 확장을 위해 노골적인 '우클릭' 행보에 나선 것이다. 국민의힘에서는 상속세의 배우자 공제 한도를 현행 10억 원으로 높이겠다던 기존 당론에서 한 걸음 더 나아가 배우자 상속세 전면 폐지 방침을 밝혔다.

우리나라 상속세는 세금이 아니라 징벌에 가깝다. 5억 원이란 공제 한도가 정해진 게 1997년이다. 서울 아파트 50평형이 5억 원 하던 시절에 정한 기준을 28년간 한 번도 바꾸지 않았으니 문제가 생길 수밖에 없다. 서울 아파트 중위 가격은 2009년 5억 원을 돌파했고, 2021년엔 10억 원을 돌파했다. 28년 전에는 극소수 부유층만 내던 상속세를 이제는 중산층도 부담한다. 우리 경제의 허리인 중산층의 건전한 자산 형성을 돕기는커녕 저해하는 실정이다. 과세 목적에서 벗어나 국민을 어렵게 하는 세제를 방치하는 것은 그 자체로 직무 유기다.

늦은 감이 있지만 민주당이 상속세제의 문제점을 일부나마 인식한 것은 다행이다. 하지만 공제액을 얼마로 올린다는 식의 땜질식 처방으로는 미봉책에 그칠 것이다. 상속세 문제를 제대로 바로잡으려면 종합적이고 정교한 개편이 필요하다. 이를 위해서는 자녀 공제액도 5천만 원에서 5억 원으로 올려야 한다. 5억 원의 손자녀 공제를 신설하는 것도 제안한다.

과세 방식도 개선해야 한다. 상속재산 전체에 대해 세금을 부과하는 기존 방식(유산세)를 개별 상속인이 실제 받은 재산에 대해 과세하는 방식(유산취득세)으로 바꿔야 한다. 또 지금은 피상속인이 사망 전 10년 동안 상속인에게 준 재산까지 상속세를 계산할 때 포함한다. 이 기간을 10년에서 5년으로 줄여 상속세 부담을 경감할 필요가 있다. 이와 동시에 일본처럼 육아와 교육 비용에 대한 증여공제 제도를 신설하고 창업과 결혼 시 증여공제를 확대하는 방안도 함께 논의됐으면 한다. 요컨대 자산의 세대 간 이전을 촉진하자는 것이다.

돈은 계속 돌아야 경제에 활력소가 된다. 하지만 은퇴한 시니어들은 돈을 잘 쓰지 않는다. 일본에선 돈을 쓰지 않고 부자로 죽는 노인들이 사회문제다. 인구구조와 각종 경제지표에서 10~20년 시차를 두고 일본을 따라가는 한국에서도 조만간 문제가 될 것이다. 이미 한국은 국가 전체 순자산의 40퍼센트 이상을 60세 이상 노인이 쥐고 있다. 이 수치는 계속 상승하는 추세다. 많은 이유가 있겠지만 생전에 증여를 망설이게 하는 불합리한 세제 탓도 크다고 본다. 은행에 묵혀 둔 시니어들의 재산이 미리미리 미래 세대에게 이전돼 보다 생산적 활동에 쓰일 수 있도록 해야 한다. 단기적으로는 상속세와 증여세 세수가 감소할 수 있겠지만, 우리 경제에 미치는 긍정적 파급효과는 수십 배, 수백 배가 될 것이다.

경제·사회 문제 해결에 도움을 주지 못하는 세금

합계출산율이 0.7명대를 맴돌아 '국가 소멸'을 걱정하는 우리 입장에서 1.7~1.8명대를 유지하는 프랑스의 합계출산율은 부러운 것을 넘어 경이로울 지경이다. 그 비결로 꼽히는 것이 1999년 도입한 팍스PACS, 시민연대계약다. 프랑스 정부는 결혼하지 않아도 함께 살면 사실혼으로 인정해 세제 혜택과 가족수당 등을 지급한다. 비혼 출산율은 60퍼센트가 넘는다. 우리 정부도 프랑스 사례를 연구하고 있다고 한다. 다자녀 가족에게 유리하게 설계된 소득세 제도 연구할 가치가 있다.

프랑스는 가족 단위로 소득세를 계산한다. 부부 소득을 합산해 세금을 매긴다는 뜻이다. 부부의 총소득을 가족 계수로 나눠 누진세를 적용하는데, 결혼 여부와 자녀 수에 따라 세금을 차등적으로 감면해 준다. 자녀가 많을수록 인센티브가 커지는 구조다. 우리나라는 맞벌이 부부도 각자 소득세를 낸다. 자녀 수에 따른 기본공제도 차등적이지 않고 액수도 작다. 다자녀 혜택이 없다고 봐도 무방하다. 시뮬레이션을 해보면 그 차이를 실감할 수 있다.

부부가 각자 7,500만 원씩 총 1억 5천만 원을 버는 경우를 가정해 소득세를 계산해 보자. 자녀가 없을 때는 프랑스와 한국이 각각 2,525만 원과 2,556만 원으로 큰 차이가 없다. 하지만 1명일 때는 2,031만 원과 2,520만 원, 2명일 때는 1,537만 원과 2,484만 원, 3명일 때는 919만 원과 2,228만 원으로 격차가 갈수록 벌어진다. 자녀가 많을수록 세금을 대폭 깎아 주는 프랑스와 달리 한국은 자녀 수에 따른 세금 감면 혜택이 거의 없다는 얘기다.

이것은 객관적 통계로도 입증된다. 경제협력개발기구에 따르면 두 자녀를 둔 한국 4인 가구의 소득세 실효세율은 5.18퍼센트로 1인 가구(6.84퍼센트)에 비해 겨우 1.7퍼센트포인트 낮았다. 38개 경제협력개발기구 회원국 평균이 5.0퍼센트포인트였다. 우리나라는 자녀 수에 따른 소득세 공제 혜택이 거의 없다는 뜻이다. 이 수치가 독일은 17.1퍼센트포인트, 미국은 11.1퍼센트포인트, 프랑스는 6.7퍼센트포인트였다. 세계 최악의 저출산으로 국가 소멸을 걱정하는 나라의 조세제도에 일말의 위기감도 보이지 않는다.

한국의 자녀 인적공제 금액은 2009년에 자녀 1인당 100만 원에서 150만 원으로 상향된 이후, 현재까지 16년 동안 변동이 없었다. 일본(38만 엔)의 절반에도 못 미친다. 어지간한 나라들은 물가상승을 반영해 공제액을 조정한다. 독일은 2009년 1,932유로에서 작년 3,192유로로 65.2퍼센트를 올려 물가상승률(37퍼센트)을 압도했다. 미국은 2018년 이후 동결했는데도 4,050달러다. 저출산은 대한민국이 당면한 가장 크고 심각한 문제다. 다자녀가정에 아무런 혜택을 주지 못하는 소득세제를 유지한다는 것은 문제해결 의지를 의심케 하는 대목이다. 소득세뿐 아니라 조세제도 전반을 결혼, 출산, 양육을 적극 지원하는 방향으로 개편해야 한다.

기후위기에 대응하기 위한 환경과 에너지 부문 세제 역시 매우 미흡한 게 사실이다. 탄소배출을 억제하고 친환경산업을 육성하려면 조세정책이 강력한 유인책으로 작동해야 한다. 현재의 세제가 이러한 역할을 제대로 수행하고 있는지 의문이다. 온실가스배출량을 비롯한 환경 피해 비용 역시 합리적으로 반영해야 한다. 그래야 유럽연합이 도입하려는 탄소국경조정 등 국제사회의 탄소배출 비용 부과 압력 등에 적극 대응할 수 있다.

시급한 노동개혁

한국 경제가 직면한 가장 시급한 과제로 노동시장 개혁을 꼽는 전문가들이 적지 않다. 경직된 노동시장은 기업의 경쟁력을 저해하고, 근로자의 선택권을 제한하며, 경제 전반의 생산성을 떨어뜨린다. 한국 경제가 저성장의 굴레를 벗고 경상성장률 5퍼센트를 달성하기 위해 노동개혁은 더 이상 미룰 수 없는 과제다. 특히 저출산 고령화로 인한 노동력 감소, 인공지능과 로봇 자동화로 대표되는 디지털전환, 그리고 트럼프 2기 행정부 출범으로 요동치는 글로벌경제 환경은 우리 노동시장에 근본적인 변화를 요구하고 있다. 급변하는 산업 환경과 인구구조에 대응하는 차원에서라도 노동시장의 유연성과 안정성을 동시에 확보하려는 노력을 미룰 수 없다. 노동시장의 유연성과 인센티브를 강화하여 경제에 활력을 되찾아야 한다. 고용보호의 조정, 임금체계 개편, 근로시간 유연화라는 3대 핵심과제를 종합적인 연계 패키지로 만들어 점진적으로 추진해 가야 한다.

우선 한국의 정리해고 요건은 지나치게 엄격하다. 도산이 임박해야만 정리해고가 가능하다. 이것도 정규직에 국한된 얘기다. 이처럼 강한 정규직 고용보호 탓에 정규직 채용은 위축되고 비정규직의 비중은 증가한다. 노동시장의 경직성과 불안정성을 동시에 야기하는 원흉이 아닐 수 없다. 영국과 프랑스는 기업의 경영상 필요에 따라 예방적 차원의 정리해고가 가능하다. 미국은 통보만으로도 대량 해고가 가능하다. 한국도 '긴박한 경영상 필요'에서 '경영 합리화의 필요'로 정리해고 요건을 완화해야 한다. 비정규직에 대해선 기간제나 파견 기간에 따라 점증하는 계약종료 수당을 부과하되 정규직 전환 시 이를 면제해 고용보호를 강화해야 한다.

다음으로 시대착오적인 연공급(호봉제) 중심의 임금체계도 내버려둘 수 없다. 호봉제 중심의 임금체계는 노동생산성과 무관하게 임금이 결정되기 때문에 기업의 경쟁력을 떨어뜨린다. 산업과 직업 간 이동이 급속도로 활발해지는 시대에 맞지 않을 뿐더러 생산성에 비해 임금이 높은 중장년층 근로자의 고용불안정을 야기하는 원인으로도 지목된다. 공공부문과 대기업을 중심으로 직무급과 성과급을 혼합한 임금체계를 도입해야 한다. 젊은 세대가 공정하다고 느끼는 방식으로 바꿀 필요가 있는 것이다.

마지막으로 워라밸과 유연근무제는 이제 선택이 아닌 필수다. 코로나 사태는 원격근무를 우리 일상에 뿌리내렸다. 특히 신산업과 첨단산업에서는 직종별로 탄력적인 근로시간 운영이 필수적이다. 이것은 기업의 생존과 직결된 문제다. 반도체특별법 논의 과정에서 연구개발 인력의 주 52시간 규제 예외를 뜻하는 '화이트칼라 이그젬션' 조항을 놓고 여야가 이견을 좁히지 못한다는 것

자체가 어처구니없는 일이다. 산업통상자원부 장관을 지낸 윤상직 율촌 고문은 이를 두고 "미친 규제"라며 "젊은 과학자와 기술자들이 창업하거나 이직할 기회를 막는 암초 같은 존재"라고 했다. 산업별, 직무별, 직종별 특성을 반영해 노사 자율에 의한 유연한 노동시간 제도를 도입하는 것이 근로자와 기업 모두에 여러모로 이롭다. 이 밖에 사업장 밖에서 근무하는 재량근로시간제 적용 직군을 확대하고, 중소기업과 스타트업이 유연근무제를 도입할 수 있도록 정부가 컨설팅과 세제 지원을 강화할 필요가 있다.

이 외에도 정년 이후에도 근로자가 계속 근무할 수 있도록 '고용 연계형 계속고용제'를 마련해 기업의 인건비 부담을 줄이는 동시에 고령 근로자의 일자리 안정성을 보장해야 한다. 일본의 '계속고용제'와 같은 제도를 도입해 노은노연(노동-은퇴-노동-연금)의 연속적인 경로를 설계해야 한다. 일본은 급속한 저출산과 고령화에 대비해 자그마치 30여 년에 걸쳐 고령자 고용대책을 점진적·단계적으로 추진해 연착륙한 것으로 평가받는다. 일본의 법적 정년은 60세이고, 국민연금과 후생연금의 수급 개시 연령은 65세이다. 일본 정부는 '고령자 고용안정법'을 개정해 1998년부터 '60세 이상 정년 의무화'를, 2013년에는 '65세까지 고용 의무화'를 시행했다. 2021년부터는 '70세까지 취업 기회 확보 노력 의무화'로 확대했다. 현재 일본 기업은 ① 65세까지 정년 연장, ② 계속고용(정년 후 재고용), ③ 정년 폐지 중 선택하는 것이 의무화돼 있다. 2021년부터는 ④ 업무위탁계약 제공, ⑤ 사회공헌사업 참여 지원, ⑥ 다른 기업 재취업 지원 등의 선택지를 추가해 직원들이 70세까지 취업 기회를 확보할 수 있도록 노력하고 있다. 65세까지 고용확보 조치 실적을 보면 2022년 기준으로 상시근로자 21인 이상 기업의 99.9퍼센트(23만 5,620개사)가 이 조치를 시행하고 있다. 선택한 방식은 '계속고용 도입'이 70.6퍼센트, '정년 연장'이 25.5퍼센트, '정년 폐지'가 3.9퍼센트 순이다. 일본 정부도 기업의 인건비 부담을 완화할 수 있도록 사업주에 대한 지원뿐만 아니라, 고령자들에게도 재취업이 가능하도록 다양한 지원책을 제공하고 있다. 저출산과 고령화는 분명 국가 성장에 큰 걸림돌이다. 하지만 긴 호흡으로 차근차근 준비하면 극복하지 못할 이유가 없다는 걸 일본의 사례에서 확인할 수 있다.

인공지능과 자동화는 일자리 위기가 아닌 기회를 가져올 것이다. 정부는 직업교육과 일자리 전환을 적극 지원해야 한다. 이를 위해 신산업 맞춤형 직업훈련체계를 구축하고, 기업과 협력하여 현장실습 기반의 교육을 확대하는 것도 중요하다. 넷플릭스 방식의 인공지능 추천 시스템을 도입해 산업별, 직종별, 지역별 맞춤형 추천 시스템을 구축하고, 새로운 직업을 창출하기 위한 직업훈련체계를 마련했으면 한다. 한국은 대체근로를 전면 금지하고 있어 파업이 장기화될 경우 기업 운영이 마비될 위험이 크다. 노조가 절대적 교섭 우위를 점하는 구조를 개선하고, 기업의 운영 지속성을 보장하기 위해 대체근로를 일부 허용하는 방안을 검토해야 한다. 현재 최저임금 결정 방식은 노사 간 대립으로 인해 객관성과 일관성이 부족하다. 중앙 최저임금심의위원회가 거시적 경제 변수에 기반해 큰 틀을 정하고, 지자체가 경제 상황을 반영하여 최종 결정을 내리는 방식으로 개편할 필요가 있다. 또한 업종별 차등 적용을 고려해 지역 간 격차를 완화해야 한다.

2부

성장의 주역, 유니콘

5장

유니콘기업의 현황

유니콘의 기원

유니콘의 정의

유니콘은 아직 상장하지 않은 비상장 스타트업으로, 기업가치가 10억 달러(약 1조 4천억 원)를 넘는 회사를 일컫는 용어다. 2013년 미국 실리콘밸리의 벤처캐피털리스트인 에일린 리가 전설의 동물처럼 희소하다는 의미로 처음 사용한 '유니콘'이라는 용어는 이제 글로벌시장에서 빠르게 등장하는 성공적인 스타트업을 대표하는 상징적인 단어로 자리 잡았다.

공식적인 통계는 없지만, 유니콘기업을 집계하는 글로벌 리서치 전문기관인 CB인사이츠의 데이터베이스를 참조하면 유니콘의 수는 2013년 43개에서 시작하여 급증을 거듭하며 현재 1,565개에 달한다. 2015년 141개에서 2020년 586개로 급증한

뒤 2025년 1월 현재 1,565개에 이른 것이다. 같은 해 한국의 유니콘기업은 14개로 집계되어 우리나라는 미국, 중국, 인도, 영국, 독일, 프랑스, 이스라엘 등에 이어 전 세계 11위의 유니콘기업 출현 국가로 기록되었다.

중소벤처기업부(이하 중기부)도 기업가치 1조 원 이상인 비상장기업을 유니콘기업으로 정의하며, CB인사이츠와는 사용하는 정보의 유통기한이나 개방성 여부로 다소 집계에 차이가 있지만 2022년 기준 우리나라 유니콘기업은 총 22개로 집계되었다. 이후 더 이상 정부 차원에서 별개 집계를 하고 있지는 않으나 유니콘기업은 국내 스타트업 생태계의 성장을 보여 주는 중요한 지표로 여겨지며, 정부는 이를 확대하기 위해 다양한 지원 프로그램을 운영하고 있다.

중기부는 유망 스타트업을 발굴하고 성장을 촉진하기 위해 예비 유니콘과 아기 유니콘을 지정해 지원하고 있다. 예비 유니콘은 50억 원 이상의 투자 실적이 있거나 기업가치 1천억 원 이상을 인정받은 비상장기업 중에서 성장성과 혁신성을 갖춘 기업을 심사하여 선정한다. 선정된 기업은 200억 원의 기술보증기금 특별보증과 글로벌 컨설팅, 해외 진출 지원 등의 혜택을 받는다.

아기 유니콘 사업은 2020년에 도입되었으며, 20억~100억 원 미만의 투자 실적이 있거나 기업가치 300억 원 이상을 인정받은 업력 7년 미만의 비상장기업이 대상이다. 선정된 기업은 시장조사, 마케팅을 위한 3억 원의 보조금과 50억 원 규모의 기술보증기금 특별 보증을 비롯해 글로벌 투자 유치IR 및 컨설팅 지원을 받을 수 있다. 이를 통해 정부는 유망 스타트업이 유니콘기업으로 성장할 수 있도록 체계적으로 지원하고 있다.

유니콘기업은 왜 급성장했는가

유니콘기업의 급증은 디지털·모바일 플랫폼과 4차 산업혁명의 영향을 받았기 때문이라고 한다. 디지털과 모바일 플랫폼은 전 세계 어디서나 손쉽게 연결되고, 시간과 공간의 제약을 받지 않는 장점을 제공하여, 예전과 달리 스타트업은 과거 10년 이상의 시간이 필요했던 매출과 이익을 몇 년, 심지어 몇 달 만에 달성할 수 있다는 가능성을 가지게 됐다.

기술 발전과 융합의 가속화도 유니콘 급증의 중요한 원인으로 꼽힌다. 4차 산업혁명의 영향으로 인공지능, 클라우드 컴퓨팅, 양자컴퓨팅 등 첨단기술이 빠르게 발전하고 있으며, 이러한 기술들은 디지털플랫폼을 통해 전 세계 소비자와 연결돼 있다. 그 결과 스타트업들은 기술의 잠재력과 플랫폼의 힘을 바탕으로 급격히 성장하게 되었다. 특히 인공지능과 반도체 기술의 융합은 인공지능 스타트업의 성장을 가속화했고, 이러한 기업들은 유니콘에 도달하는 기간을 크게 단축하고 있다.

유니콘기업의 잠재력을 알아본 국가 간 경쟁이 치열해지면서,

각국은 유니콘기업을 미래성장동력으로 삼고 이를 지원하기 위해 더욱 경쟁적으로 움직이고 있다. 그로 인해 유니콘 수는 더욱 가파르게 증가하고 있다. 이러한 유니콘기업을 둘러싼 국가 간 경쟁의 격화에는 유니콘기업이 국가경제에 미치는 영향력에 대한 인식의 변화가 큰 역할을 했다.

글로벌 유니콘 트렌드

실리콘밸리를 넘어 다양한 국가와 지역으로 확장

유니콘기업의 중심지는 여전히 미국, 특히 실리콘밸리를 포함한 샌프란시스코 베이 에어리어다. 이 지역은 190개의 유니콘기업을 보유하여 '글로벌 유니콘의 메카'라는 별칭을 가지고 있으며, 미국 전체 유니콘의 40퍼센트가 이곳에 집중되어 있다. 하지만 최근 유니콘 생태계는 미국 일극화에서 점차 벗어나 다양한 국가와 지역으로 확장되고 있다.

유니콘기업이 분포하는 국가와 도시의 수를 보면 이러한 다양화가 더욱 두드러진다. 2015년에는 16개국 55개 도시였던 유니콘 보유 국가·도시 수가 2020년에는 29개국 145개 도시로 증가했다. 그리고 2025년 1월 기준, 유니콘기업이 존재하는 국가는

53개, 도시는 291개에 이르며, 이는 불과 10년 만에 유니콘기업이 출현한 국가와 도시가 두 배 가까이 확대되었다는 뜻이다.

국가별 비중을 보면 2015년에는 유니콘 140개 중 미국(51퍼센트)과 중국(34퍼센트)이 전체의 85퍼센트를 차지했으나, 2025년 현재 1,565개 중 미국(48.6퍼센트)과 중국(21.7퍼센트)의 합산 비율은 70.3퍼센트로 줄었다. 도시별로도 2015년에는 샌프란시스코(60개)와 베이징(41개)이 전체의 72퍼센트를 차지했지만, 2025년 현재 샌프란시스코(12.1퍼센트)와 베이징(5퍼센트)을 합쳐도 17.1퍼센트에 불과하다.

이처럼 유니콘기업이 다양한 국가로 확산되고 있으며, 그중에서도 인도와 이스라엘이 빠르게 유니콘 생태계를 키우고 있다. 2025년 현재 인도는 108개, 이스라엘은 80개의 유니콘을 보유하며 각각 세계 3위, 4위에 올랐다. 유럽에서는 영국(47개), 독일(31개), 프랑스(28개)가 유니콘기업을 활발히 배출하고 있다. 미국과 중국의 독점적 지위가 점차 약해지면서 인도, 이스라엘, 영국 등이 새로운 유니콘 허브로 떠오르고 있다.

도시별로 살펴보면 여전히 미국 실리콘밸리와 뉴욕, 중국의 베이징과 상하이가 강세를 보이고 있지만, 인도의 벵갈루루, 이스라엘의 텔아비브, 영국의 런던도 글로벌 유니콘 생태계의 중심지로 부상하고 있다. 이들 도시는 강력한 창업 인프라, 기술 인재, 투자 환경을 갖추면서 유니콘기업이 성장할 수 있는 기반을 마련하고 있다.

글로벌 유니콘기업의 부상

유니콘기업의 글로벌화는 최근 급증하는 유니콘 트렌드 중 하나로, 해외시장 확장과 해외 자금 유치가 핵심 요소로 작용하고 있다. 기업가치 10억 달러 이상의 유니콘이 되기 위해서는 국내 시장만으로는 성장 한계가 있으며, 글로벌시장에서의 확장성이 필수적이다. 특히 중국과 인도 같은 인구 대국이 아닌 국가에서는 유니콘이 되기 위해 글로벌시장 진출이 필수적이라는 것이 전문가들의 공통된 의견이다.

중국과 인도는 자체 시장 규모가 크기 때문에 일부 유니콘(30~40퍼센트)이 자국 내 시장과 투자만으로 성장하기도 한다. 그러나 프랑스(28개), 캐나다(21개), 싱가포르(15개)와 같은 국가의 유니콘들은 거의 예외 없이 해외시장으로 진출하고 있다. 이들 국가의 유니콘기업들은 초기 단계부터 글로벌시장을 겨냥하며, 해외 벤처캐피털과의 협력을 강화하는 전략을 펼친다. 그것이 국가 내 자본과 시장 규모의 한계를 극복하는 필수적인 과정이기 때문이다.

유니콘의 글로벌화가 가속화되면서 기업가치 100억 달러 이상의 '데카콘'과 1천억 달러 이상의 '헥토콘hectocorn'도 등장하고 있다. 2024년 기준 데카콘은 전 세계에 50개가 존재하며, 전체 유니콘의 3.2퍼센트를 차지하고 있다. 대표적인 사례로는 미국의 스트라이프(온라인결제 플랫폼)와 데이터브릭스(빅데이터·인공지능 분석

플랫폼)가 있다.

한편 헥토콘은 현재 단 2개뿐이며, 중국의 바이트댄스(틱톡 운영사)와 미국의 스페이스엑스가 대표적인 기업이다. 이들은 글로벌 시장에서 압도적인 시장점유율을 확보하고 있으며, 강력한 자본력과 혁신적 기술을 바탕으로 새로운 산업을 개척하고 있다. 특히 스페이스엑스는 우주산업의 패러다임을 바꾸고 있으며, 바이트댄스는 글로벌 소셜미디어 시장에서 강력한 영향력을 발휘하고 있다.

유니콘기업의 성장은 이제 특정 국가나 지역에 국한되지 않고 점점 더 글로벌화하며, 그 과정에서 글로벌시장을 공략하는 초거대 유니콘기업도 속속 등장하고 있다. 이는 글로벌 벤처 투자 환경이 더욱 개방적이고 다변화되고 있음을 의미하며, 앞으로도 유니콘 생태계는 더욱 확장될 것으로 예상된다.

국가 차원의 혁신 생태계 구축 노력 가속

최근 유니콘기업의 성장과 관련하여 빼놓을 수 없는 점은 스타트업과 유니콘기업을 육성하는 데 국가 차원의 정책 노력이 더해진다는 점이다. 각국은 유니콘기업을 육성하기 위해 국가 차원의 혁신 생태계 구축에 힘쓰고 있다. 국가별로 차별화된 전략을 꾀하고는 있지만, 기본적으로는 미국 실리콘밸리의 성공 모델을 참고하는 경우가 많다.

실리콘밸리 벤처 생태계의 핵심 요소 중 하나는 막대한 벤처캐피털 투자다. 미국의 실리콘밸리에는 세쿼이아 캐피털과 같은 대형 벤처캐피털이 밀집해 있으며, 이들은 스탠퍼드대 같은 연구기관과 협력하여 기술개발과 창업의 선순환 구조를 만들어 왔다. 2023년 미국 전체 벤처캐피털 투자액은 856억 달러(약 119조 원)였으며, 그중 85.7퍼센트에 해당하는 749억 달러(약 104조 원)가 실리콘밸리에 집중됐다. 이는 전 세계 벤처캐피털 투자액의 53.3퍼센트를 차지하는 규모로, 뉴욕과 보스턴 대비 각각 5배, 9배, 중국 전체 벤처캐피털 투자액과 비교해도 약 3배에 달한다.

또한 실리콘밸리는 대형 글로벌기업들의 활발한 스타트업 인수합병 활동으로도 유명하다. 구글, 아마존, 페이스북, 애플GAFA 뿐만 아니라 인텔과 같은 기업들이 스타트업을 적극적으로 인수하면서 투자자들이 보다 빠르게 투자회수EXIT를 할 수 있도록 돕고 있다.

실제로 미국 스타트업들의 투자회수 방식 중 90퍼센트는 인수합병으로, 기업상장IPO 의존도가 높은 우리나라와 대조적이다. 최근에는 유니콘기업이 된 비상장기업들도 인수합병에 적극적으로 나서고 있으며, 예컨대 2024년 기준 1,200억 달러의 기업가치를 가진 에어비앤비는 지금까지 20개 이상의 기업을 인수했다.

스타트업 생태계에서 중요한 역할을 하는 액셀러레이터도 실리콘밸리의 성공 요소 중 하나다. 액셀러레이터는 창업 초기 단계에서 스타트업이 벤처캐피털 투자까지 이어질 수 있도록 멘토링, 네트워킹, 시드 투자 등을 지원한다. 캘리포니아 지역에는 벤처캐피털 투자를 받은 초기 단계 이상 스타트업이 2만 개에 달하며, 대표적인 액셀러레이터로는 와이콤비네이터, 500스타트업, 플러그앤플레이, 테크스타 등이 있다.

이러한 환경을 뒷받침하는 실리콘밸리의 창업 문화도 중요한 요인이다. 실리콘밸리 벤처기업의 약 40퍼센트는 외국인 창업자들이 설립한 것으로, 스탠퍼드대나 버클리대 출신들이 많다. 이처럼 개방적인 창업 문화 속에서 창업자와 투자자들은 밤낮없이 아이디어를 공유하고 협력하며, 실패를 용인하는 환경이 조성되어 있다. 공식·비공식적인 만남을 통해 신뢰를 쌓고, 지속적인 토론과 네트워킹을 통해 새로운 기회가 창출되는 것이 실리콘밸리의 특징이다.

미국 외 국가들도 실리콘밸리를 벤치마킹하며 각자의 방식으로 정책적 지원을 강화하고 있다. 중국은 2015년부터 '대중창업, 만인혁신大众创业, 万众创新' 정책을 통해 창업 지원과 해외 인재 유치를 적극적으로 추진하고 있다. 이를 위해 '천인 계획'을 통해 우수 인재를 유치하고, 베이징 중관춘과 선전 등 주요 도시에 창업 특구를 조성했으며, 4,200개의 창업 플랫폼과 3천 개의 기술기업 인큐베이터를 설립했다.

인도 역시 2016년 '스타트업 인디아' 구상을 통해 국부펀드를 활용한 자금 지원, 세제 혜택 제공, 벵갈루루와 델리 등에 창업 특구 조성 등 창업 환경을 개선하고 있다. 또한 산학연 협력 강화를 위해 실리콘밸리의 스탠퍼드대와 버클리대처럼, 베이징에는 칭화대와 베이징대, 벵갈루루에는 인도경영대학원IIM Bangalore, 텔아비브에는 히브리대와 와이즈만연구소 등이 자리 잡으며 혁신 생태계를 지원하고 있다.

영국은 세계 50위권 대학 졸업생들에게 2~3년간 구직활동을 허용하는 '고도인재 비자'를 신설하여 글로벌 인재 유치에 적극적으로 나서고 있다. 이스라엘에서는 전쟁으로 인한 불확실성에도 불구하고, 정부와 민간이 공동으로 연구개발 투자 펀드 등을 조성하여 2024년 한 해 동안 44억 달러 이상의 신규 자금이 24개 유니콘기업에 유입되었다. 이처럼 혁신 생태계가 발달한 국가들을 중심으로 유니콘기업 육성 정책은 경쟁적으로 추진되고 있다.

플랫폼에서 딥테크로

2013년 유니콘기업 개념이 등장한 이후, 유니콘기업 중 가장 큰 비중을 차지한 것은 플랫폼 기업이었다. 2024년 기준으로도 플랫폼 기업은 전체 유니콘의 약 40퍼센트로 추정되며, 대표적으로 중국의 바이트댄스, 미국의 온라인결제 플랫폼 스트라이프, 온라인 협업 화이트보드 플랫폼 미로 등이 있다. 그러나 2020년을 기점으로 코로나19와 금리 상승 등의 영향으로 딥테크deep tech 분야가 빠르게 성장하면서 유니콘기업의 지형이 변화하고 있다.

딥테크 유니콘의 비중은 2020년 14퍼센트 내외에서 2024년에는 25퍼센트로 11퍼센트포인트나 증가했다. 특히 인공지능 분야의 성장세가 두드러지는데, 2020년 63개(10.7퍼센트)였던 인공지능 유니콘이 2024년에는 214개(17퍼센트)로 증가했으며, 2024년에 새롭게 탄생한 유니콘의 45퍼센트가 인공지능 분야 기업이었다. 오픈AI와 앤트로픽이 대표적인 인공지능 유니콘이다. 딥테크 내에서 인공지능 다음으로는 환경 테크(80개, 5.1퍼센트), 바이오테크(65개, 4.2퍼센트)가 뒤를 잇고 있으며, 로봇기술(12개, 0.8퍼센트)과 양자컴퓨팅(9개, 0.6퍼센트)도 벤처캐피털의 관심이 높아지면서 점차 성장할 것으로 전망된다.

국내 유니콘의 현황

국내외 스타트업 투자는 2010년대 후반 창업 붐과 함께 급증했으나, 코로나19 이후 글로벌 경기침체 우려로 점차 감소하는 추세를 보이고 있다. 이러한 변화 속에서 스타트업 투자 패턴도 과거의 광범위한 저변 확대에서 유망 기업에 대한 선택과 집중으로 전환되고 있다. 스타트업들에는 도전적인 시기일 수 있지만, 동시에 경쟁력을 갖춘 기업들이 살아남으며 생태계가 더욱 성숙해지는 계기가 될 수도 있다는 평가다. 이와 더불어 유니콘기업과 유니콘 후보군의 현황도 빠르게 변화하고 있다.

국내 유니콘기업과 유니콘 후보군의 현황을 보기 위해서는 유니콘기업군의 범위를 우선 정해야 한다. 최근 현황에 초점을 맞춘다는 의미에서 분석 대상은 중기부 기준 22개 유니콘기업 중 정보가 공개된 유니콘 20개 기업을 비롯해 2024년 예비 유니콘 13개, 아기 유니콘 43개, 2023년 예비 유니콘 15개, 아기 유니콘 51개 등 총 142개 기업으로 한정하였다. 해당 유니콘기업 관련 정보는 더브이씨 스타트업 투자 데이터베이스의 자료를 활용하였다.

지리적으로는 서울에 집중

한국 유니콘기업은 대부분 서울에 집중되어 있으며, 경기를 제외하면 전부 서울에 위치하고 있다. 특히 강남구와 서초구에 밀집되어 있으며, 성동구, 용산구, 마포구, 강서구에도 각각 1개씩 분포하고 있다. 이 가운데 테헤란로 주변에는 전체 20개 유니콘기업 중 13개가 모여 있다.

유니콘기업이 될 수 있도록 지원하는 대상인 예비 유니콘과 아기 유니콘의 서울 집중도는 이보다 낮지만, 최근 2년간 선정된 예비 유니콘 28개 중 15개, 아기 유니콘 94개 중 55개가 서울에 있어 서울에 자리 잡은 유망 스타트업의 수가 절반을 넘는다. 서울은 한국 유니콘기업 뿐만 아니라 유니콘기업을 바라는 유망 스타트업에도 핵심 거점 역할을 하고 있다.

스타트업이지만 작지 않은 기업들

유니콘기업에 대한 오해가 가장 큰 부분이 규모다. 유니콘기업을 막연히 제법 큰 스타트업으로 여기는 경우가 태반이고, 그러한 이유로 정부가 지원사업이나 정책 설계 시 기존 창업 정책의 연장선상에서 유니콘기업을 바라보는 경우가 적지 않다. 유니콘기업은 그냥 좀 커다란 스타트업이 아니라 실제로는 기업가치나 고용면에서 이미 중소기업의 틀을 벗어난 규모를 갖춘 기업이기가 십상이며, 때문에 일반적인 스타트업의 정책 수요와는 차별화되는 요구사항을 가지기 마련이다.

중기부가 선정한 22개 유니콘기업 중에 정보가 공개된 기업과 2023년, 2024년 선정된 예비 유니콘, 아기 유니콘으로 지정된 기업의 정보를 스타트업 투자 데이터베이스인 더브이씨 자료로 분석해 보면 국내 유니콘기업이 유치한 기업별 평균 투자액은 약 4,753억 원으로 나타났다.

예비 유니콘이 유치한 평균 투자액은 2023년 선정 예비 유니콘이 약 800억, 2024년 선정 기업이 약 425억이었으며, 아기 유니콘의 경우에는 기업별 유치한 평균 투자액이 2023년은 약 80억,

2024년은 약 66억이었다. 유니콘기업은 물론 예비 유니콘, 아기 유니콘까지도 통상적으로 생각하는 초기 스타트업의 단계를 벗어난 규모 있는 기업이라는 뜻이다.

어찌 보면 당연한 것이 유니콘기업의 평균 업력은 대략 12년이다. 유니콘기업이 되려면 10년 이상의 세월이 필요하다는 의미이기도 하다. 최근 2년간 예비 유니콘의 업력도 7~10년, 아기 유니콘도 4~6년의 업력은 기본이다. 평균 직원 수도 유니콘기업은 약 683명을 고용하고 있었으며, 같은 기간 동안 예비 유니콘은 100~200명, 아기 유니콘은 25~35명의 고용이 대부분이었다.

이와 같이 통상적인 이미지와는 달리 유니콘기업은 지역 경제의 주역이라는 평가에 걸맞은 규모를 달성한 기업이며, 예비 유니콘과 아기 유니콘도 이미 창업 후 성장을 거듭해 온 규모 있는 기업이라는 점에 주목할 필요가 있다.

플랫폼 중심이나 딥테크 부상 기대

국내 유니콘기업들은 다양한 기술 분야에서 활동하고 있지만, 특히 전자상거래 분야의 비중이 크다. 전체 20개 유니콘기업 중 9개가 직접적으로 전자상거래 관련 사업을 영위하고 있어 가장 두드러진 분야로 나타난다.

예비 유니콘기업들은 제조, 인공지능, 연구개발 분야에서 강세를 보이며, 이들 기술을 기반으로 빠르게 성장하고 있다. 아기 유니콘도 연구개발 및 인공지능 관련 기업이 많은 비율을 차지하며, 향후 혁신적인 기술 기반 스타트업으로 발전할 가능성이 크다.

비즈니스 분야로 보면 유니콘기업은 다양한 비즈니스 분야에서 활동하고 있지만, 예비 유니콘과 아기 유니콘 모두를 대상으로 하면 그중에서도 바이오·의료 분야의 비중이 가장 크다. 그 외에도 음식과 외식, 콘텐츠, 자동차, 엔터프라이즈 분야에서 활발한 창업이 이루어지고 있다.

국내 유니콘기업들의 기술 및 비즈니스 분야를 보면, 현재 유니콘기업은 전자상거래 중심으로 성장했으나 차기 유니콘 후보의 경우에는 인공지능, 연구개발, 바이오·의료 등 딥테크 분야에서 강세를 보여, 전통적인 플랫폼·유통 중심에서 기술집약적 산업으로 무게중심이 이동하는 흐름이 감지된다.

투자 단계는 성장단계에 비례

스타트업의 투자 단계는 기업의 성장단계에 따라 구분되며, 일반적으로 시드 단계에서 시작해 시리즈 A, B, C, D 등으로 이어진다. 시드 단계는 창업 초기 기업의 잠재력과 가능성을 보고 투자하는 단계이며, 시리즈 A는 본격적인 시장 진출과 제품·서비스 고도화를 위한 투자 단계다. 이후 시리즈 B에서는 사업이 안정화되고 시장점유율을 확대하는 과정이 진행되며, 시리즈 C부터는 본격적인 스케일업과 글로벌시장 진출을 목표로 대규모 투자가 이루어진다. 기업마다 투자 규모와 진행 속도는 다르지만, 일반적으로 투자 단계가 진행될수록 기업의 가치와 투자 유치 금액이 증가하는 경향이 있다.

분석 대상이었던 142개 스타트업의 투자 단계별 분포를 보면, 기업의 성장단계에 따라 차이가 뚜렷하게 나타난다. 아기 유니콘은 주로 시리즈 A 단계에 집중되어 있어 시장 진입과 초기 성장을 위한 투자를 받는 경우가 많다. 예비 유니콘은 시리즈 B와 C 단계에서 활동하며, 사업 안정화와 확장을 위한 투자 유치가 활발하다.

반면 유니콘기업은 시리즈 C와 D 단계에서 투자를 받은 사례가 많으며, 이 단계에서는 글로벌 진출 및 기업상장을 준비하며 대규모 자금조달이 이루어지는 것이 일반적이다. 아기 유니콘, 예비 유니콘, 유니콘기업은 애초에 규모별로 선정되었기 때문에 성장단계를 반영하고 있어 이와 같은 투자 단계에서의 차이는 예상에 부합한다.

해외투자 유치는 성숙 기업 중심으로 증가

유니콘기업으로 성장하기 위해서는 글로벌시장 진출이 필수적이며, 이에 따라 해외투자는 스타트업의 성장 가능성을 평가하는 중요한 지표로 여겨져 왔다. 과거에는 국내 스타트업에 대한 해외투자가 드물었지만, 최근 들어 유니콘을 포함한 주요 스타트업들이 글로벌 투자 유치에 적극 나서면서 상황이 변화하고 있다.

물론 해외투자도 투자 유치에서의 추세와 같이 스타트업의 규모와 성장단계에 따라 차이가 난다. 대상 기업 중 유니콘의 경우 평균 약 6건의 해외투자를 유치했다. 예비 유니콘은 1건 내외가 평균이었고, 아기 유니콘은 3~4개 기업 중 1개 기업 정도만 해외투자 유치에 성공한 상황이었다.

국내 기업이 해외투자를 유치하는 데에는 해외투자 시장의 활성화 시기가 더 큰 영향을 미쳤다고 볼 수 있다. 분석 대상인 142개 주요 스타트업에 대한 해외투자 건수의 변화를 보면, 2018년을 기점으로 해외투자가 급격히 증가했으며, 이후 코로나19가 발생한 2020년과 2021년에는 투자 규모가 크게 줄어든 것으로 나타난다. 하지만 투자 건수 면에서는 그 이후에 이전 수준으로 다시 회복하여 2018년 이전과는 확연히 다른 경향을 보인다. 이는 국내 스타트업 생태계가 성장하여 해외투자가 보다 활발해졌다는 최근의 평가로도 이어진다.

해외투자 유치는 상대적으로 시리즈 후반의 대규모 투자에 무게중심이 실린다. 국내 투자의 경우 시리즈 B 이후로 투자 건수가 줄어드는 추세를 보이는 데, 해외투자 건수를 투자 단계별로 집계해 보면 시리즈 C, D에 투자된 경우가 가장 많았다. 해외투자는 국내 투자에 비해 성장단계 후반 기업에 대한 투자 비중이 높다는 것이며, 이른바 해외에서도 '보이는' 규모로의 성장이 상당한 규모의 해외투자 유치로 이어지는 지름길이라는 통설을 뒷받침한다.

국내 스타트업 생태계의 성장과 문제 제기

한국 스타트업 생태계의 대표 격인 서울의 스타트업 생태계는 최근 몇 년간 빠르게 성장하며 글로벌 창업 허브로 자리 잡고 있다. 글로벌 창업 생태계를 평가하는 스타트업 지놈의 2024년 발표에 따르면, 서울은 전 세계 창업 도시 순위에서 9위를 기록하며 도쿄(10위), 상하이(11위), 파리(14위), 베를린(15위) 등 글로벌 주요 도시들을 앞질렀다.

서울의 창업 생태계 가치는 2021년 54조 원에서 2024년 308조 원으로 다섯 배 이상 성장하며 높은 역동성을 보였다. 특히 자금조달(10점), 생태계 활동성(9점), 창의 경험 및 인재 양성(9점), 지식 축적(9점) 등에서 높은 평가를 받았으며, 스케일업을 성공적으로 이룬 스타트업들의 자금회수 실적이 132건에서 208건으로 증가하면서 시장 진출 부문에서도 긍정적인 변화가 나타났다. 또한 서울시가 팬데믹 이후 투자 위축기에 자체 펀드를 조성해 바이오, 인공지능, 창조산업 등에 적극적으로 투자를 진행한 점이 높은 평가를 이끌어 내는 데 기여했다.

그러나 서울이 글로벌 창업 생태계에서 더 높은 경쟁력을 갖추기 위해 해결해야 할 과제들도 존재한다. 창업 생태계 경쟁력을 평가하는 주요 지표 중 하나는 유니콘기업의 수다. 그러나 이 부분에서 서울은 글로벌 선도 도시들과 상당한 격차를 보인다. 2024년 기준 전 세계 유니콘기업은 약 1,200여 개에 달하며, 미국이 656개로 절반 이상을 차지하고, 중국이 168개로 2위를 기록하고 있다. 반면 한국의 유니콘기업 수는 14개로 CB인사이츠 기준 세계 11위에 머물며 캐나다, 브라질보다도 낮은 수준이다. 또한 한국 유니콘기업의 평균 기업가치는 세계 평균 및 미국보다 낮은 수준으로 평가된다. 이는 단순한 숫자의 문제가 아니라, 한국 스타트업 생태계가 대형 혁신기업을 배출하는 데 어려움을 겪고 있음을 의미한다.

서울의 창업 생태계 가치는 2,370억 달러에 이를 정도로 성장했지만, 뉴욕, 런던 등 상위 5개 도시의 창업 생태계 가치 총 4조 4천억 달러와 비교하면 여전히 상당한 격차가 존재한다. 특히 실리콘밸리는 후기 단계 투자에서 글로벌시장의 26퍼센트를 차지하며 압도적인 우위를 나타내고 있다. 반면 서울은 초기 투자에서는 높은 점수를 받았지만, 후기 단계 투자에서는 아직 경쟁력이 부족한 것으로 평가된다. 시장 진출 부문의 평가 점수가 개선되고 있지만, 뉴욕, 런던 등과 비교하면 글로벌 네트워크와 시장 접근성 측면에서 여전히 부족하다.

또한 인재 확보 측면에서도 한계가 존재한다. 서울은 고학력 인재와 활발한 연구개발 투자 환경을 갖추고 있지만, 전 세계 인재를 적극적으로 유치하고 있는 실리콘밸리와 보스턴 등에 비하면 경쟁력이 떨어진다. 특히 실리콘밸리는 해외 우수 인력을 유치하기 위해 다양한 스타트업 비자 프로그램과 연구 지원제도를 운영하고 있지만, 한국은 여전히 비자 발급, 노동시장 유연성 등에서 어려움이 크다는 지적이 많다.

기술혁신 측면에서도 서울은 해결해야 할 과제가 적지 않다. 실리콘밸리의 스타트업들은 새로운 혁신 기술을 개발하여 글로벌시장을 선도하는 반면, 서울의 스타트업들은 해외 기술을 현지화하여 적용하는 사례가 많다. 이는 비즈니스의 지속가능성과 글로벌 경쟁력을 저하시킬 수 있는 요인으로 작용한다.

유니콘의 의의

유니콘기업은 첨단 혁신 기술을 바탕으로 빠르게 성장하는 기업이기 때문에 국가의 미래성장동력의 핵심으로 평가된다. 유니콘기업이 다양한 산업 분야에서 활동하고 있으면 해당 국가의 경쟁력을 강화하는 기반이 될 수 있다. 그래서 각국은 유니콘기업을 키우고 확보하는 데 필사적이다. 유니콘기업이 많다는 것은 그 나라가 글로벌경제에서 중요한 위치를 차지할 가능성이 크다는 지표로 해석되기 때문에 국가 간 경쟁이 치열해지는 것이 자연스럽다.

또한 유니콘기업은 급격히 성장하기 때문에 경제에 미치는 부가가치와 고용 창출 효과가 매우 크다. 예를 들어 인도에서는 2016년부터 2023년까지 유니콘기업들이 GDP 성장에 10~15퍼센트 기여했다고 하며, 2024년에서 2030년까지 1조 달러의 부가가치와 5천만 개의 새로운 일자리를 창출할 것으로 예상하고 있다. 우리나라 역시 K-유니콘 프로젝트를 통해 유니콘기업들이 2조 2,476억 원의 후속 투자를 유치하고 매출이 50퍼센트 이상 증가하는 성과를 거두었다. 이처럼 유니콘기업은 경제성장과 일자리창출에 중요한 역할을 하고 있다.

한 마디로 유니콘기업의 성장은 경제 역동성을 평가하는 중요한 지표가 되었다. 글로벌시장을 주도하는 혁신 기술 기반의 유니콘기업이 많을수록 산업 경쟁력이 높아지고, 새로운 시장 창출과 경제성장으로 이어진다. 미국에서는 애플, 아마존, 알파벳, 메타 등 글로벌 유니콘기업이 기존 산업구조를 바꾸고 새로운 시장을 개척하며 성장해 왔다. 유니콘기업이 없었다면, 미국의 산업 지형과 경제성장은 지금과 같지 않았을 것이다.

그러나 한국의 유니콘기업들은 조금 다른 성격을 띤다. 비바리퍼블리카(토스), 무신사, 야놀자, 두나무, 컬리, 직방 등 한국의 대표적인 유니콘기업은 내수시장을 대상으로 한 플랫폼 기업이 대부분이다. 이들은 기존의 금융, 유통, 숙박, 부동산 등 전통적인 내수산업을 디지털화하는 방식으로 성장했다.

물론 이들 기업은 소비자의 편의성을 높이고 산업구조를 혁신하는 역할을 했지만, 글로벌 기술 패권을 주도하는 미국의 유니콘기업과는 성격이 다르다. 한국 유니콘기업은 세계시장에서 기술 리더십을 확보하기보다는 내수산업을 효율적으로 대체하는 플랫폼 중심의 성장 모델을 보인다.

이러한 현상에 대해 전문가들은 여러 가지 요인을 지적한다. 디지털전환에 따른 자연스러운 추세와 함께 원천기술을 보유한 딥테크 스타트업에 비해 기술력이 크게 필요하지 않고, 투자 비용도 상대적으로 적다는 점이 내수 플랫폼 기반의 유니콘이 증가한 배경으로 꼽힌다.

유니콘기업이 가진 경제적 가치는 단순한 매출 규모를 넘어선다. 이들은 새로운 일자리를 창출하고, 기술혁신을 선도하며, 국내외 투자 유치를 이끌어 낸다. 평균적으로 유니콘기업 한 곳이 창출하는 일자리 수는 약 2천 개에 달하며, 매출 규모는 일반 벤처기업의 백 배 수준에 이른다. 그러나 글로벌시장을 선도하는 기술기반 유니콘기업이 부족한 한국 경제에서는 이러한 긍정적 효과가 제한적으로 나타날 수밖에 없다.

4차 산업혁명을 넘어 인공지능 패권 시대가 도래하며 유니콘기업의 중요성은 더욱 커지고 있다. 인공지능, 빅데이터, 블록체인 등 첨단기술이 융합되면서 새로운 산업과 비즈니스 모델이 빠르게 등장하고 있다. 유니콘기업들은 이러한 핵심 기술을 활용해 혁신적인 제품과 서비스를 제공하며, 기존 산업을 재편하고 새로운 시장을 창출한다. 그러나 한국의 유니콘기업들은 주로 기존 내수 산업의 비효율성을 개선하는 데 집중하는 반면, 미국의 유니콘기업들은 새로운 기술을 바탕으로 글로벌시장을 창출하는 데 집중한다는 점에서 차이가 크다. 오픈AI와 스페이스엑스는 이러한 변화를 주도하는 대표적인 사례다.

유니콘기업은 무엇보다 경쟁력 있고 지속 가능한 혁신 생태계를 구축하는 데도 중요한 역할을 한다. 유니콘의 수익모델은 단기간에 급격히 성장하는 '압축성장'으로, 이 과정에서 인력, 자본, 신시장을 확보하는 등 벤처 생태계의 필수적인 인프라를 구축하고 확장할 수 있다. 초기 단계 스타트업이 유니콘으로 성장할 때, 국내외 우수 인력과 대규모 자금을 유치하고 해외투자자를 통해 신시장을 연결하는 등의 기회를 창출한다.

유니콘기업은 투자 생태계 활성화에도 기여한다. 이들은 높은 수익률을 기대할 수 있는 투자 대상으로 자리 잡으며 벤처투자를 활성화하고 이는 다시 새로운 스타트업의 성장을 지원하는 선순환 구조를 만든다. 하지만 한국에서는 글로벌 기술혁신을 이끄는 유니콘기업보다는 플랫폼 기반의 내수 스타트업에 대한 투자가 집중되는 경향이 있어, 장기적인 산업 경쟁력 강화 측면에서 한계를 드러내고 있다.

이제 유니콘기업의 성장은 단순한 경제적 의미를 넘어 국가의 전략적 이익과도 직결되고 있다. 반도체, 인공지능 등 첨단기술 분야에서는 유니콘기업의 역할이 더욱 중요해진다. 글로벌 기술 패권 경쟁이 심화되면서 미국과 중국은 인공지능과 반도체산업을 중심으로 치열한 경쟁을 벌이고 있다. 미국은 반도체법과 수출 규제를 통해 중국을 견제하고 있으며, 중국은 화웨이, SMIC 등을 앞세워 자국 기술 생태계를 구축하는 데 집중하고 있다. 유럽과 일본 또한 반도체 생산 역량을 강화하기 위해 적극적으로 대응하고 있다. 이러한 흐름 속에서 혁신을 주도하는 기술을 기반으로 하는 유니콘기업의 성장은 국가경제와 기술경쟁력에 직접적인 영향을 미친다. 그러나 한국은 이 같은 글로벌 기술 경쟁에서 유니콘기업의 역할이 제한적이며, 미국, 중국과 같은 기술 패권 경쟁에서 뒤처질 가능성이 크다. 최근 스타트업 생태계는 유니콘기업을 넘어 '데카콘' 기업으로의 성장을 이루고 있다.

스페이스엑스, 스트라이프, 바이트댄스와 같은 기업들은 기업가치 100억 달러 이상의 데카콘으로 성장하며, 인공지능, 핀테크, 바이오테크 등 다양한 산업에서 패러다임 변화를 주도하고 있다. 한국에서도 데카콘 기업이 탄생할 수 있도록 내수 중심의 플랫폼 유니콘기업을 넘어 글로벌시장을 개척할 수 있는 기술 기반 스타트업의 성장을 적극 지원할 필요가 있다. 이제는 유니콘기업을 넘어 데카콘기업이 탄생할 수 있는 환경을 조성하는 것이 곧 산업, 도시, 국가 경쟁력의 근간이 되는 시대다.

6장

혁신 생태계의 비밀

혁신 생태계의 개념

유니콘기업과 같은 성장잠재력이 높은 스타트업이 제대로 자리 잡기 위해서는 혁신 생태계가 필수적이다. 혁신 생태계란 다양한 혁신 주체가 각자의 역할을 수행하며, 기업이 성장할 수 있도록 돕는 환경으로 유니콘기업이 자라날 수 있는 밑거름이 된다.

기업의 기술혁신과 성장을 연구하는 혁신학에서 가장 중심이 되는 개념인 혁신 생태계 또는 국가혁신체계 이론은 1990년대에 영국 서식스대 과학기술정책연구소SPRU의 프리먼 교수와 덴마크 올보르대의 룬드발 교수를 중심으로 발전했으며, 신고전학파 중심의 기존 전통적 경제학과는 달리 진화경제학에 그 뿌리를 두고 있다.

이 이론은 기술혁신이 단순히 개별 기업이나 연구기관의 노력으로 이루어지는 것이 아니라, 상호 학습, 지식 확산, 공진화 등의 과정을 통해 경로 의존적으로 발전한다는 점을 강조한다. 기존의 기술추동형technology push 모델과 시장견인형market pull 모델이 각각 기술개발과 시장수요에 초점을 맞추면서도 한계를 보였던 것과 달리, 혁신 생태계 이론은 두 가지 접근 방식을 종합하여 기술혁신이 다양한 경제·사회적 요인의 영향을 받으며 진화하는 과정임을 설명하는 보다 포괄적인 이론이다.

기술추동형 모델은 정부와 민간기업이 과학기술에 투자하여 우수한 기술을 개발하고, 이 기술이 상용화되며 시장의 수요를 충족한다는 논리다. 이 모델은 과학기술 지식을 공공재로 보고, 국가 차원에서 기술개발을 통해 시장에 자연스럽게 확산되고 경제적 결실을 거둘 수 있다는 접근법을 채택했다. 냉전시대의 미국과 소련의 군사기술 경쟁, 그리고 우주기술 경쟁은 이 모델의 대표적인 사례로 볼 수 있다.

1944년, 루스벨트 미국 대통령은 과학기술 발전 방안을 자문하기 위해 버니바 부시에게 요청했고, 1945년 부시는 "과학, 그 끝없는 미개척지Science, the Endless Frontier"라는 보고서를 제출했다. 과학기술 투자가 경제발전을 이끌 수 있다는 주장을 담고 있는 이 보고서는 기술추동형 모델의 근거가 되었으며, 부시는 이후 미국 정부의 제안을 받아 국립과학재단을 설립해 학술 연구와 인재 육성에 힘을 기울였다.

한동안 기술추동형 모델이 주요 혁신 이론으로 자리 잡았지만, 곧 시장견인형 모델의 도전이 시작되었다. 시장견인형 혁신에서는 기술혁신이 시장의 수요에서 출발하고, 이를 충족시키기 위한 연구개발이 뒤따른다는 논리가 중심이다. 기존의 기술추동형 모델이 연구개발이 시작되어 시장의 수요를 충족시키는 방식이었다면, 시장견인형 모델은 시장의 필요가 기술혁신을 이끈다는 관점이다. 여기서 기술혁신은 시장의 수요를 충족시키기 위한 사용자 혁신user innovation으로 이루어진다.

사용자 혁신 사례가 증가하면서 기술추동형 모델과 시장견인형 모델 간의 논쟁이 심화되었다. 각 모델을 지지하는 학자들은 반대 사례를 예외적인 경우로 간주하며 자신들의 주장을 강화했다. 이 와중에 클라인과 로젠버그의 선형연쇄형chain-lined 모델과 같이 두 모델을 융합하여 보다 포괄적인 대안적 혁신 모델을 제시하려는 시도가 돋보이기도 했다. 하지만 1990년대 들어 정보통신기술이 빠르게 발전하고, 소련 해체에 따른 전 세계적인 자유화를 경험하면서 기술혁신 양상이 예전에 생각하던 것보다 훨씬 복잡하다는 공감대가 형성되자 기존 모델의 한계가 명확하게 드러났다.

이 당시 등장한 국가혁신체계 이론은 기술혁신이 단순한 연구개발에 국한되지 않고, 국가 차원의 인재, 금융, 사회 인프라 등 다양한 요소가 유기적으로 결합된 시스템이라는 관점에서 출발하여 현재 혁신 생태계 이론의 근간이 된다. 당시 아시아의 네 마리 용

(한국, 싱가포르, 홍콩, 대만)과 같은 신흥 선진국들의 발전 경로를 연구하면서 기존의 선진국 모델과는 다른 경제성장 전략이 존재하며, 이는 국가마다 금융, 교육, 물류 인프라, 산업구조 등이 다르기 때문이라는 깨달음에서 출발하였다.

즉 국가마다 고유한 혁신체계가 있으며, 그에 따라 기술혁신을 통한 경제성장에도 다양한 접근 방식과 해법이 있을 수 있다는 것이다. 국가별로 혁신체계가 다르다면 특정 국가가 체계적이고 지속가능한성장을 하기 위해서는 단순한 모형이 아닌 국가가 가진 혁신체계 혹은 혁신 생태계를 진단하고 문제와 장단점을 파악하여 전략을 세울 필요가 있다.

경제협력개발기구는 국가혁신체계를 민간기업 중심이 아니라 다양한 요소가 상호작용하는 혁신 생태계로 정의하고 있다. 여기서 혁신 생태계는 교육 및 직업훈련 시스템, 정보통신 인프라, 거시경제 및 규제 환경 등 다양한 요소가 유기적으로 결합되어 경제성장, 고용 창출, 경쟁력 제고 등과 같은 국가 차원의 성과를 창출하는 구조를 가지고 있다. 여기서 주요 혁신 주체들 간의 관계는 쌍방향이며, 원형 형태로 구성된 순환구조로 묘사된다. 이는 지식의 생성과 확산, 활용을 통해 혁신 주체들이 서로 영향을 주고받으며 발전해 나가는 것을 의미하며, 이러한 조직 간 학습과 지식 확산이 혁신 생태계의 중요한 특성이다.

삼중나선형triple helix 모델은 기업-대학-정부의 상호작용을 강조하여 혁신 생태계를 설명하는 여러 모델 중 하나이다. 이 모델에서는 기업이 제품과 서비스를 개발하고 일자리를 창출하며, 대학이 혁신을 위한 연구와 인재를 공급하고, 정부가 연구를 지원하고 산업 활동에 필요한 인프라를 구축하는 역할을 한다. 즉 혁신 생태계는 단순히 기업 중심의 시장 논리가 아니라, 여러 혁신 주체

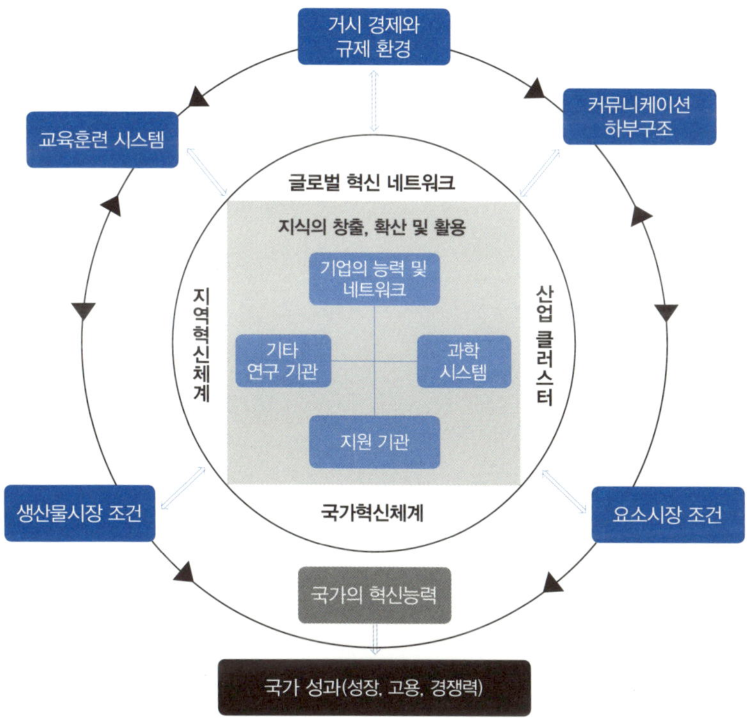

그림 1 **국가혁신시스템(혁신 생태계) 개념**

자료: OECD, 1999, *Managing National Systems of Innovation*, OECD Publishing.

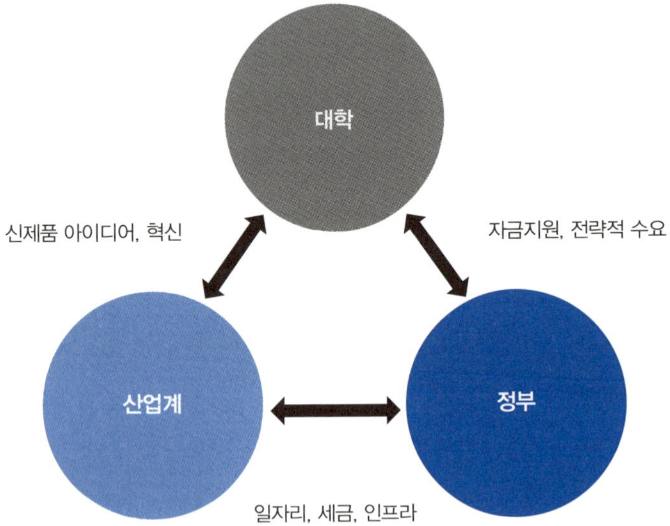

그림 2 **삼중나선형 모델**

자료: Leydesdorff, L., & Etzkowitz, H., 1998, "The Triple Helix as a Model for Innovation Studies",. *Science and Public Policy*, 25(3):195~203.

가 상호 협력하고 지식을 공유하는 구조에서 더욱 활성화될 수 있다는 점을 강조하고 있다.

혁신 생태계 이론은 기존의 신고전경제학과 다른 방식으로 혁신을 해석한다. 기존 경제학에서는 기술혁신을 특정한 시점에서 발생하는 정적인 이벤트로 보았지만, 혁신 생태계 이론에서는 혁신을 시간에 따라 변화하고 학습을 통해 누적되는 동태적이고 진화적인 과정으로 본다. 또한 기술혁신이 첨단산업에서만 발생한다고 보는 오해와 달리, 전통산업을 포함한 다양한 분야에서 제품, 공정, 서비스 등 전반에 걸쳐 혁신이 이루어질 수 있음을 강조한다.

이 이론에서는 기업이 혁신을 위해 내부 연구개발뿐만 아니라 콘퍼런스, 학회, 언론, 고객 등 다양한 정보 원천을 활용해야 한다고 본다. 또한 기업은 단독으로 혁신하는 것이 아니라 대학, 국공립 연구소, 경쟁사 등과 협력하면서 학습 역량을 구축하는 것이 중요하다. 혁신은 종종 예측 불가능하며 불확실성을 내포하는데, 기업들은 이러한 불확실성을 관리하는 전략을 마련해야 한다. 아울러 혁신은 국가별 차이뿐만 아니라 지역별, 산업별 차이도 존재하기 때문에 다양한 하위 혁신 생태계를 고려해야 한다.

이러한 접근 방식은 혁신을 하나의 시스템으로 바라본다는 점에서 기존 기술추동형 또는 시장견인형 모델과 다르다. 혁신을 개별 기업의 혁신이 아니라 다양한 혁신 주체의 상호작용에서 사회적, 제도적으로 발전한다고 보기 때문이다. 이에 따라 지역적, 산업적 혁신클러스터를 형성하는 것이 중요하며, 장기적인 협력 관계에서 혁신이 지속될 수 있도록 지원하는 것이 필요하다. 또한 혁신은 기존 시스템의 발전 경로에 영향을 받으며, 각 국가의 혁신 시스템이 가진 경로의존성 때문에 완전히 새로운 방식의 혁신이 이루어지기는 어렵다는 점도 강조된다.

이론적으로도 혁신 생태계 이론은 기업, 관계, 정부의 역할에 대한 기존 경제학의 시각을 바꾸어 놓았다. 혁신 생태계에서는 협력과 경쟁이 공존하는 다양한 관계가 발전하며, 기업은 단순히 이익 극대화를 추구하는 조직이 아니라 지식을 활용하고 발전하는 학습조직으로 해석된다. 또한 신고전경제학이 시장의 자율적 조정을 강조한 반면, 혁신 생태계 이론은 불확실성이 높은 혁신을 촉진하기 위해 정부가 적극적으로 정책 개입을 해야 한다고 본다.

국가혁신시스템 이론이 주목받은 이유는 무엇보다 현실 세계의 혁신 생태계를 더 정확하게 설명할 수 있었기 때문이다. 기존의 기술추동형 모델과 시장견인형 모델은 혁신을 단순한 결과물로 보았지만, 국가혁신시스템 이론은 혁신이 국가 단위에서 다양한 주체의 상호작용을 통해 이루어진다는 점을 강조했다. 이러한 구조적 접근 덕분에 혁신의 발전과 변화를 포괄적으로 설명할 수 있었으며, '과학적 발견·기술개발·제품생산'이라는 선형적 해석에서 벗어나 기술혁신이 순환적이거나 우연히 발생할 수 있다는 점을 인정하게 되었다.

또한 이 이론은 선진국 모델이 모든 국가에 보편적으로 적용될 수 없음을 보여 주었다. 서구 선진국이 기술혁신을 주도해 왔지만, 개별 국가들은 각기 다른 발전 경로와 조건(교육, 인프라, 자원 등)을 가지고 있기 때문에 이에 맞는 대안적 모델이 필요했다. 한국은 압축성장을 통해 단기간에 경제성장을 이룬 추격형catch-up 모델의 대표 사례로 평가받으며, 국가마다 다른 혁신 시스템이 작동할 수 있음을 입증했다.

국가혁신시스템 이론은 스타트업과 같은 혁신 주체들의 학습과 성장을 동적으로 설명할 수 있다는 점에서도 의미가 크다. 스타트업이 성장하기 위해서는 자본 투자, 인재 육성, 산학연 협력 등의 요소가 유기적으로 결합해야 하며, 이를 가능하게 하는 것이 바로 국가혁신시스템이다. 이처럼 국가혁신시스템 이론은 다양한 혁신 주체가 상호작용하고 학습을 통해 공진화하는 과정을 설명하며, 국가의 스타트업 육성 정책에도 중요한 이론적 기반이 되고 있다.

혁신클러스터의 사례

혁신클러스터innovation cluster는 혁신 생태계가 공간적으로 구현된 형태로, 혁신을 기반으로 성장하는 국가에서 중요한 역할을 한다. 대표적인 사례로는 미국의 실리콘밸리, 보스턴 바이오클러스터, 리서치 트라이앵글 등이 있으며, 이러한 클러스터는 특정 산업과 관련된 기업, 대학, 연구기관, 정부 등이 밀집하여 협력하고 새로운 기술과 지식을 창출하는 공간을 의미한다. 국가혁신시스템 이론에서도 혁신클러스터는 기업과 연구기관의 네트워크를 기반으로 발전하며, 지역 단위에서 혁신을 촉진하는 중요한 요소로 평가된다.

영국 런던 테크시티

런던 테크시티는 디지털 기술 및 핀테크 중심의 창업 생태계를 조성하여 글로벌기업과 스타트업, 대학, 정부가 협력하는 다층적인 혁신 구조를 갖추고 있다. 미국 실리콘밸리와 같은 창업 클러스터를 목표로 한 이 프로젝트는 시스코, 구글, 페이스북, 인텔, 마이크로소프트, 아마존, 보쉬, 퀄컴 등 글로벌기업의 투자를 유치하는 데 성공했다. 또한 런던대, 유니버시티칼리지 런던, 임페리얼칼리지 런던 등 주요 대학들이 테크시티의 핵심 파트너로 참여하고 있다. 이처럼 테크시티는 대학과 기업, 정부가 협력하는 방식으로 성장하며 유망 스타트업을 육성하는 글로벌 창업 허브로 자리 잡았다.

테크시티의 대표적인 지원 프로그램으로는 퓨처 50Future Fifty와 업스케일Upscale이 있다. 퓨처 피프티는 유니콘기업으로 성장할 가능성이 높은 50개 스타트업을 선정해 정부, 산업 전문가, 투자자와 연결하여 기업상장, 인수합병, 글로벌 진출을 돕는 맞춤형 지원 프로그램이다. 한편 업스케일은 창업 경험이 있는 사업가들이 스타트업을 대상으로 6개월간 집중 코칭을 제공하는 멘토링 및 네트워킹 프로그램으로, 스타트업의 빠른 성장과 스케일업을 지원하는 역할을 한다. 이 외에도 테크시티는 테크네이션 비자제도(고급 디지털 전문 인력의 유입 촉진), 테크네이션 얼라이언스(사업 성공 사례 공유와 교류 지원), HQUK(해외 디지털기업의 영국 본부 유치 지원) 등 다양한 프로그램을 운영하며 창업 생태계를 확장하고 있다.

런던 테크시티는 단순한 스타트업 클러스터를 넘어, 런던의 금융 중심지라는 강점을 활용하여 핀테크 및 디지털 스타트업을 유치하고 국제투자를 활성화하는 전략을 펼치고 있기도 하다. 또한 런던올림픽을 위해 조성된 올림픽공원 지역을 테크시티 확장 구역으로 개발하여, 미디어센터를 스타트업 액셀러레이터 공간으로 전환하는 등 기존 시설을 효과적으로 활용하고 있다. 이와 함께 런던 외곽 지역을 국제화된 혁신 허브로 개발하려는 도시개발계획도 추진 중이다. 테크시티의 운영은 런던앤파트너스, 테크시티 투자 기구, 런던유산개발회사 등 기관이 담당하며, 정부와 민간이 협력하는 방식으로 글로벌경쟁력을 강화해 나가고 있다.

영국 런던 메드시티

런던 메드시티는 2014년 당시 런던시장 보리스 존슨이 런던시, 영국 고등교육기금위원회HEFCE, 그리고 런던의 3개 연구중심대학과 공동으로 설립한 비영리기관이다. 이 기관의 설립 목적은 골든트라이앵글이라 불리는 옥스퍼드, 케임브리지, 런던을 잇는 바이오메디컬 생태계를 지원하고 육성하는 것이다. 이 지역은 세계적으로 높은 수준의 연구 역량과 의료 인프라를 갖춘 곳으로, 메드시티는 이를 바탕으로 바이오테크산업을 활성화하고 글로벌경쟁력을 강화하는 역할을 맡고 있다.

메드시티의 핵심 기능은 네트워킹과 협력 구조 형성에 있다. 런던의 연구중심대학과 민간기업, 영국 국가의료보건서비스NHS, 자선기관, 연구기관 등을 연결해 전략적 협력 관계를 구축하는 것이 주된 업무이다. 이를 통해 연구와 산업 간의 연계를 촉진하고, 창업 지원, 투자 유치, 교육 프로그램 운영 등 바이오테크산업의 성장 기반을 조성하고 있다. 즉 메드시티는 런던시와 고등교육기관이 협력하여 세계적인 바이오테크 클러스터를 만들기 위한 플랫폼 역할을 한다. 테크시티가 디지털산업을 중심으로 한 혁신클러스터라면, 메드시티는 고등교육과 의료 인프라를 바탕으로 바이오테크 창업과 투자 생태계를 조성하는 데 초점을 맞추고 있다.

메드시티의 설립은 단순한 지역개발이 아니라, 보스턴 케임브리지 및 샌프란시스코 바이오테크 허브와 경쟁할 수 있는 글로벌 바이오 혁신 생태계를 구축하려는 전략적인 시도라는 점에서 의미가 크다. 영국은 높은 수준의 연구력과 의료시스템을 갖추고 있지만, 이를 산업화하고 기업 성장으로 연결하는 데 있어서는 보스턴이나 샌프란시스코에 비해 상대적으로 부족한 부분이 있었다. 메드시티는 이러한 한계를 극복하기 위해 학계와 산업계를 연결하고, 연구 성과를 빠르게 상업화할 수 있도록 지원하는 등 바이오테크 클러스터로서 기능을 강화하고 있다.

미국 보스턴 바이오테크 허브

보스턴 케임브리지 지역의 바이오테크 허브는 대학, 연구소, 병원, 글로벌 제약업체, 바이오 벤처, 스타트업, 서비스 전문기업, 공공기관이 긴밀하게 연결된 네트워크형 혁신 생태계라 할 수 있다. 2007년 매사추세츠 주지사 더발 패트릭이 생명과학 구상을 추진하며 10년간 10억 달러를 투자한 것이 이 허브 발전의 계기가 되었다.

이 과정에서 주정부가 설립한 매사추세츠 생명과학센터와 비영리단체인 매사추세츠 바이오가 핵심적인 역할을 수행했다. 매사추세츠 생명과학센터는 자금조달과 프로젝트 연결·관리를 담당했고, 매사추세츠 바이오는 미국 내 1천여 개의 생명공학 관련 대학, 연구기관, 기업을 회원으로 확보하며 연구 중심이었던 보스턴 지역의 산업 역량을 강화하는 데 주력했다.

이 혁신 생태계의 확장에는 벤처캐피털과 역량 있는 액셀러레이터의 역할이 매우 중요했다. 특히 MIT의 기술이전 및 라이센싱 부서는 바이오 스타트업이 성장하는 데 핵심적인 기여를 했다. 흥미로운 점은 의대가 아닌 공과대학 중심으로 바이오 혁신이 촉진되었다는 것이다. MIT를 중심으로 보스턴과 케임브리지 지역에 1천여 개의 바이오기업이 밀집한 것은 강력한 기술력과 네트워킹이 결합된 결과다. 이는 바이오테크산업이 성공하기 위해서는 연구역량뿐만 아니라 산업화와 네트워크 구축이 필수적임을 보여 주는 대표적인 사례다.

모더나의 성공은 단순한 기업의 성과가 아니라, 혁신적인 생명과학 아이디어를 상업화로 전환할 수 있도록 지원하는 보스턴 바이오테크 생태계의 대표적인 사례이다. 모더나는 2010년 MIT의 로버트 랭어, 하버드 의대의 데릭 로시, 플래그십 랩스의 누바르 아페얀 등이 협력하며 시작되었으며, 이들의 연구는 mRNA 기술의 선구자인 커털린 커리코와 드루 와이스먼의 기초 연구를 기반으로 했다.

초기에는 불안정한 mRNA의 특성과 면역 반응 유발 등의 난제를 해결해야 했고, 이를 위해 여러 과학자와 협력하며 지속적인 연구와 실험을 진행했다. 결국 2010년 가을, mRNA의 새로운 화학적 변형과 치료적 구성을 포함하는 특허를 출원했고, 2011년 모더나라는 이름으로 본격적인 기업화가 이루어졌다. 이후 10년간 연구개발을 지속한 끝에, 2020년 11월 코로나19 백신 임상시험에서 95퍼센트의 보호 효능을 입증하며 세계적인 기업으로 자리 잡았다.

이러한 모더나의 성장은 보스턴 혁신 생태계의 핵심 요소인 강력한 학계-산업-투자 네트워크 덕분에 가능했다. 보스턴은 MIT, 하버드 등 세계적인 연구기관과 글로벌 제약사, 바이오 벤처, 투자기관이 밀집한 지역으로 혁신적인 아이디어가 연구실에서 출발해 상업화까지 이어질 수 있는 최적의 환경을 갖추고 있다. 플래

그십 랩스와 같은 벤처 스튜디오는 새로운 기술을 사업화할 수 있도록 연구 초기부터 자금과 네트워크를 제공했으며, 다양한 학계와 산업 파트너들이 협력하여 기술적 난제를 해결할 수 있도록 지원했다. 결국 모더나의 사례는 단순한 기업 성공을 넘어, 보스턴 바이오테크 허브가 어떻게 혁신을 촉진하고 시장에 영향을 미치는지를 보여 주는 대표적인 사례로 자리 잡았다.

한국에서도 바이오 혁신클러스터 구축이 진행 중이다. 서울에서는 대학로에서 홍릉으로 이어지는 서울대병원, 성균관대, 고려대, 국방연구원, 한국과학기술연구원kist, 카이스트경영대, 서울바이오허브, 경희대가 밀집된 바이오 연구 중심지가 형성되고 있다. 이 지역은 마치 한국판 보스턴 바이오테크 허브를 연상케 하지만, 보스턴이나 실리콘밸리, 런던과 비교하면 네트워킹을 전문으로 하는 체계적인 지원 기관과 전문 인력이 부족한 것이 한계로 지적된다. 이러한 약점을 보완한다면 한국 역시 글로벌 바이오테크 클러스터를 구축할 가능성이 충분하다.

네덜란드 브라이트랜드

네덜란드 브라이트랜드Bright Lands는 지역정부가 주도하여 조성한 혁신클러스터의 대표적인 사례이다. 기존의 혁신클러스터 사례인 실리콘밸리, 케임브리지 사이언스파크, 리서치 트라이앵글 등이 대학을 중심으로 자생적으로 성장했다면, 브라이트랜드는 정부 주도의 정책적 접근을 통해 형성되었다. 이는 지역 경제를 장기적으로 발전시키기 위한 근본적인 해결책을 모색한 결과였다.

브라이트랜드는 지역정부 주도의 혁신 생태계를 조성하여 통해 탄광 지역의 경제적 쇠퇴를 극복한 사례다. 브라이트랜드는 림뷔르흐 지역의 전통적인 석탄산업이 쇠퇴하던 1960년대 후반부터 전환점을 맞이했다. 석탄 수요 감소로 지역 경제가 어려움을 겪던 중, 네덜란드 정부는 이 지역을 첨단기술과 창업 중심의 혁신 클러스터로 재구성하려는 전략을 세웠다. 결과적으로 이 지역은 '밝은 땅'을 의미하는 브라이트랜드라는 이름을 통해 지속가능한 발전과 혁신을 상징하는 지역으로 브랜드화되었다.

브라이트랜드의 4개 캠퍼스는 각각 스마트 소재, 지속 가능한 제조, 정밀 의학, 스마트농업 등 다양한 분야에 특화되어 있다. 셰멀롯 캠퍼스는 가장 오래된 캠퍼스로, 정밀 화학과 첨단소재를 연구하며, 마스트릭트 캠퍼스는 정밀 의학과 스마트 진단, 재생의학에 중점을 둔다. 더 최근에 조성된 스마트서비스 캠퍼스와 그린포트 벤로 캠퍼스는 데이터과학과 스마트농업을 지원하고 있다. 이러한 캠퍼스들은 산학관 협력을 강조한 혁신의 삼중나선형 모델을 기반으로 대학, 기업, 지방정부가 협력하여 혁신 생태계를 조성하고 있다.

셰멀롯 캠퍼스는 네덜란드 석탄공사의 민영화 후 이 지역의 핵심 앵커 기업으로 자리 잡았다. DSM은 정밀화학, 첨단소재, 식품

원료 등 다양한 분야에서 연구와 혁신을 주도하며, 스타트업과 학생 창업 기업을 적극적으로 지원하고 있다. DSM은 DSM 벤처링을 통해 스타트업 투자를 활발히 진행하고 있으며, 이를 통해 다양한 산업 분야에서 창업 생태계를 촉진하고 있다. 이 과정에서 DSM은 지역 경제에 활력을 불어넣고 있으며, 지역 내 다양한 혁신 주체와 협력하고 있다.

브라이트랜드의 성공적인 혁신 생태계 구축에는 지역 정부인 림뷔르흐주의 역할도 중요한 영향을 미쳤다. 림뷔르흐주는 작은 규모의 지역임에도 불구하고 국경을 넘는 협력을 촉진하고, 다양한 혁신 주체와 연계하기 위해 중재자 역할을 맡았다. 마스트리트 대학, 벨기에 루벤대, 독일 아헨공대와의 협력은 브라이트랜드의 국제적 혁신 생태계를 강화하는 데 중요한 역할을 했다.

결국 브라이트랜드는 지역정부의 비전과 적극적인 정책 지원을 통해 쇠퇴하는 탄광 지역을 혁신과 창업 중심의 클러스터로 전환시킨 사례로, 지속가능한발전과 혁신을 이루는 데 있어 정부의 역할이 얼마나 중요한지를 보여 준다. 이는 다른 지역에도 정책적 추진력과 지속적인 협력이 어떻게 지역 경제와 혁신 생태계를 변화시킬 수 있는지를 시사하는 중요한 사례가 된다.

요약하자면 런던의 테크시티, 메드시티, 보스턴의 바이오테크 허브, 브라이트랜드는 각각의 혁신 생태계에서 강점을 가진 지역들이다. 테크시티와 보스턴은 글로벌 네트워크와 자본의 흐름이 중요한 역할을 하며, 다양한 산업과 협업을 통해 혁신이 이루어진다.

보스턴은 특히 생명과학 분야에서 산학관 협력과 기술 상용화를 통한 바이오테크 혁신이 두드러진다. 런던의 테크시티는 여러 산업과 기술의 융합을 통해 다각적인 혁신을 이끌어 내는 반면, 메드시티는 연구 기반 혁신 생태계를 중심으로 바이오헬스 분야의 혁신과 협력을 강화하고 있다. 네덜란드의 브라이트랜드는 지역정부의 주도적 역할로 기술혁신과 스타트업 육성을 결합하여 지역 경제를 혁신적으로 바꾸고 있다.

이들 혁신 생태계는 모두 산학관 협력과 개방형 혁신의 모델을 따르지만, 브라이트랜드는 정부 주도의 기술 및 창업 생태계를 조성하여 스타트업에 안정적이고 지원이 풍부한 환경을 제공한다. 보스턴 바이오테크 허브와 런던의 테크시티와 메드시티는 이미 구축된 강력한 글로벌시장의 연결망과 투자 환경을 바탕으로 네트워크 효과를 증폭시키고 있다. 반면 브라이트랜드는 상대적으로 작은 규모에서 지역 혁신 주체들이 협력하여 성장할 수 있는 기반을 제공하며, 비용 효율적인 혁신 환경과 정부의 역할이 두드러지는 게 큰 특징이다.

혁신 생태계와 클러스터의 성공 요인

혁신클러스터의 성공적인 형성과 지속 가능성을 위해서는 몇 가지 핵심 요소가 필요하다. 우선 클러스터의 중심에서 앵커 역할을 하는 대기업의 존재가 중요하다. 중소기업 중심의 클러스터도 가능하지만, 대기업이 있으면 공급망 구축과 안정적인 기술개발 환경을 조성하는 데 유리해진다. 대기업과 함께 할 중소기업과 스타트업도 필수적이다. 중소기업은 대기업과 협력하며 클러스터의 혁신역량을 높이고, 스타트업은 대학과 연계하여 신기술을 개발하고 확산시키는 역할을 한다.

대학과 연구기관은 클러스터 내 기업들에 지식을 제공하고 기술의 상업화를 촉진하는 중요한 원천이다. 성공적인 클러스터에서는 연구기관이 기업과 활발히 협력하며 기술이전, 창업 촉진, 특허 개발 등을 지원하며, 이를 통해 클러스터 전체의 경쟁력을 높인다. 클러스터 내에서 협력과 네트워크 강화를 지원하는 특화된 지원 조직도 필요하다. 컨설팅 기관, 액셀러레이터, 에이전시 등이 이에 해당하며, 기업 간 협력을 촉진하고 사업화를 돕는 역할을 한다.

중앙과 지역 정부의 지원도 필수적이다. 정부는 규제완화, 연구개발 자금 지원, 세제 혜택 등을 통해 클러스터 내 기업과 기관들이 원활하게 협력할 수 있는 환경을 조성하며, 퍼실리테이터로서 여러 주체를 연결하는 역할을 맡는다. 이러한 요소들이 유기적으로 결합해야 혁신클러스터가 지속적으로 성장하고, 국가 차원의 혁신역량을 높이는 데 기여할 수 있다.

사실상 혁신클러스터의 성공 요인은 달리 말하면 지역의 한정된 공간에 성공적인 혁신 생태계가 깃들어야 한다는 의미이기도 하다. 다양한 기업과 대학, 연구기관, 지원 조직, 그리고 중앙 및 지역 정부가 상호작용하여 상승작용을 일으킬 수 있는 관계의 장으로서 혁신 생태계가 공간적으로 발현된 것이 혁신클러스터라는 뜻이다.

다만 혁신클러스터의 성공 사례를 보면 혁신 생태계 전체로는 성공의 잠재력을 갖추었다고 하더라도 개별 구성원이 혁신클러스터의 성공을 보장할 수는 없는 구조였다. 반대로 성공한 혁신클러스터의 사례를 보면 그렇다고 각각의 구성원이 자기 역할을 다하지 않은 경우도 없어 보인다. 정형화된 성공의 비법 레시피가 있다기보다 구성원 간의 관계에서 각자의 역할을 찾고 역량을 다하는 행태가 중요하다. 민간은 민간의 일을, 하지만 공공도 공공의 일을 협력하여 수행하는 구조가 중요하다. 유니콘을 낳는 혁신 생태계에 대한 구상도 기본적으로는 이런 교훈을 명심하여 출발하는 것이 타당하다.

7장

유니콘 지원에 뛰어든 정부들

유니콘 지원 정책의 기초

유니콘 지원 정책은 무엇이 스타트업의 성장, 즉 스케일업을 촉진하는가에 대한 분석에서 출발한다. 경제협력개발기구 연구보고서에 따르면, 중소기업의 스케일업을 유도하는 중요한 동인은 혁신, 투자, 네트워크 세 가지로 정리된다. 연구개발, 디지털전환, 사업화 모델 개발 등의 요소가 혁신이라면, 투자는 물적자본뿐만 아니라 인적자본과 무형자산(특허, 저작권 등)을 포함한다. 마지막으로 네트워크 확장이 중요한 역할을 하는데, 이는 국내외 시장에서의 거래, 협업과 파트너십, 디지털플랫폼 활용 등을 말한다.

혁신, 투자, 네트워크는 서로 독립적으로 작용할 수도 있지만, 복합적으로 상호작용하면서 스케일업을 촉진할 수도 있다. 예를 들어 새로운 상품이나 서비스가 개발되면(혁신), 디지털전환과 연

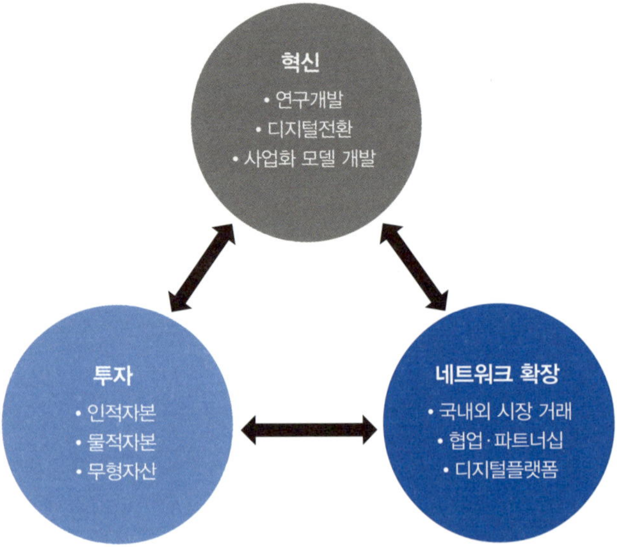

그림 3 **스케일업의 동인과 상호작용**

자료: OECD, 2022, *Financing Growth and Turning Data into Business: Helping SMEs Scale Up*, OECD Studies on SMEs and Entrepreneurship, OECD Publishing, Paris.

구개발, 인적자본 투자를 통해 경쟁 우위를 확보하고(투자), 이를 기반으로 시장을 확대하는(네트워크 확장) 선순환이 가능하다. 반대로 특정 시장에서 예기치 않은 수요 증가(네트워크 확장)가 발생하면, 기업은 생산 시설 확충과 인력 채용을 늘리고(투자), 이를 바탕으로 새로운 제품과 서비스를 개발하는(혁신) 흐름이 형성될 수도 있다.

따라서 유니콘 지원 정책은 단순히 개별 요소를 지원하는 것이 아니라, 혁신·투자·네트워크 확장이 유기적으로 연결될 수 있도록 설계하는 것이 중요하다. 특정 요소를 활성화하는 정책이 또 다른 요소의 성장을 촉진하는 효과를 가져올 수 있기 때문이다. 혁신이 투자와 네트워크 확장을 견인할 수도 있고, 반대로 투자나 네트워크 확장이 혁신을 촉진할 수도 있다. 이러한 선순환 구조를 고려한 정책적 접근이 유니콘으로의 성장 가능성을 높일 것이다.

실제 유니콘 지원 정책은 재정적 지원, 비재정적 지원, 플랫폼, 규제, 정책 체제 등의 다섯 가지 정책적 수단을 통해 시행된다. 이 중 가장 직접적인 지원은 물론 재정적 지원이다. 재정적 지원은 기업에 자금운용 여력을 제공하는 것을 넘어, 자금조달능력을 입증하여 향후 재원 조달 비용을 낮추고 민간투자를 유인하는 역할도 한다. 공공자금이 투입되면 투자위험이 분산되어 민간 투자자의 접근이 수월해지는 효과도 있다.

반면 비재정적 지원이나 플랫폼 제공, 규제나 정책 체제 정비는 직접적인 효과를 내기에 다소 제한적일 수 있으나, 민간 부문에서 자체적으로 조달하거나 운영하기 어려운 대체 불가능한 수단이다. 특히 적은 재원으로도 효과를 거둘 수 있다는 점에서 공공부문이 선호하는 정책 수단으로 활용된다.

해외 주요 유니콘 지원 정책

유니콘기업을 다수 보유한 국가는 예외없이 유니콘 지원 정책을 시행하고 있다고 해도 과언이 아니다. 여기서는 그중에서도 유니콘기업 보유 수 상위 국가와 지역인 유럽연합, 미국, 영국, 프랑스, 독일, 일본의 유니콘 지원 정책을 살펴보고, 한국과 서울의 지원 정책을 이어서 살펴본다.

유럽연합

유럽연합은 2022년 '범유럽 스케일업 이니셔티브'를 발표하고, 이를 '유럽 기술 챔피언 이니셔티브ETCI'로 구체화하였다. 유럽투자은행EIB과 유럽투자기금EIF이 주도하는 이 계획은 유럽 내 고성장 기술 스타트업을 지원하기 위해 모태펀드를 조성하는 것이 핵심이다. 독일, 프랑스, 스페인 등 주요 유럽연합 회원국이 참여하여 약 37억 5천만 유로를 조성하였으며, 5천만 유로 이상의 자금이 필요한 기업을 대상으로 지원을 제공한다. 또한 유럽 내 기관투자자들에게 다양한 투자 기회를 제공하여 장기적인 자금 흐름을 유도하고, 유럽 기술 기업의 글로벌경쟁력을 강화하는 것을 목표로 한다.

'EIC 스케일업 100 이니셔티브'는 유럽 혁신위원회EIC가 2023

년부터 추진하는 프로젝트로, 유럽 내 딥테크 기업 100개를 선정해 유니콘으로 성장하도록 지원하는 프로그램이다. 기후 및 에너지, 디지털기술, 헬스케어 등 유럽의 녹색 및 디지털 전환에 기여할 수 있는 기업을 우선적으로 선정하며, 기업들은 400여 개의 생태계 플레이어가 참여하는 'EIC 스케일링 클럽Scaling Club' 네트워크에 포함된다. 이를 통해 투자자, 혁신기업, 홍보 기관, 멘토 등과 연결되며, 전략적 파트너십과 국제시장 확장을 위한 지원을 받는다.

또한 유럽 스케일업 인스티튜트ESI는 2023년 유럽 내 주요 경영대학원 6곳이 협력하여 설립한 기관으로, 학계와 산업 전문가들이 협력하여 스타트업의 글로벌경쟁력을 높이는 역할을 한다. 연구, 교육, 실무적 경험을 결합한 종합적 지원을 제공하며, 특히 지역별 스케일업 격차를 해소하고 지속가능한성장 전략을 수립하는 데 집중하고 있다.

이러한 정책들은 민간투자와 공공지원을 결합하여 유럽의 유망 스타트업이 글로벌시장에서 성장할 수 있도록 체계적으로 돕는다는 점에서 의미가 있다. 특히 대규모 모태펀드를 통한 재정적 지원, 전략적 네트워크 조성, 전문 교육 및 연구를 활용한 성장 지원이 유럽의 유니콘 육성 전략의 핵심이라고 할 수 있다. 이는 기업의 스케일업 과정에서 필요한 요소들을 종합적으로 고려한 접근 방식으로, 국내에서도 정책 설계 시 참고할 만한 시사점을 제공한다.

미국

미국은 세계 최대의 유니콘 서식지이며, 벤처캐피털이 활발히 활동하는 창업 생태계를 구축하고 있다. 약 9만 개의 스타트업과 2,200개 이상의 벤처캐피털이 존재하며, 벤처캐피털의 직접 투자를 받은 스타트업만 약 4만 4천 개에 달한다. 특히 캘리포니아, 뉴욕, 매사추세츠, 텍사스 등의 주에서 창업이 활발하며, 2022년 기준 벤처캐피털 투자액도 캘리포니아, 뉴욕, 매사추세츠 등의 지역에서 집중적으로 이루어졌다.

연방 차원의 스케일업 지원 정책으로는 2014년 '스케일업 아메리카 이니셔티브ScaleUp America Initiative'가 발표되었으며, 연방 중소기업청이 주도하여 유망 중소기업의 성장을 지원하는 정책을 추진했다. 해당 정책은 기업가 교육, 시장분석 및 마케팅 멘토링, 투자 자본 접근성 확대, 공공기관 및 생산자와의 네트워크 구축을 중심으로 운영되었다. 그러나 이후 연방 차원의 대규모 스케일업 정책은 발표되지 않았으며, 창업과 성장 지원은 민간 중심으로 이루어지고 있다. 대신 주정부 차원의 세제 혜택과 비재정적 지원이 중요한 정책 수단으로 활용되고 있다.

뉴욕 주정부는 '스타트업 NY 프로그램'을 통해 학술 파트너십과 세금 감면을 제공하며, 참여 기업이 뉴욕 지역 대학과 협력하여 연구개발을 추진할 경우 10년간 법인세, 부동산세, 판매세, 개인소득세 등의 감면 혜택을 부여한다. 또한 뉴욕시는 '디지털 NYC 프로그램'을 운영하여 스타트업 온라인 허브를 제공하고, 5만 2천여 개의 스타트업과 300여 개의 투자기관과 네트워킹할 수 있도록 지원한다. 뉴욕경제개발공사NYCEDC는 친환경 기술과 스타트업을 지원하는 '그린 NYC 2025', '클린테크놀로지 사업가 센터Clean Technology Entrepreneur Center' 등의 프로젝트를 통해 클린테크 분야 스타트업을 육성하고 있다.

LA시에서는 기업 맞춤형 대출 및 저금리 자금 대출을 지원하는 스마트 펀딩 프로그램을 운영하며, '그리드110'과 같은 비영리 인큐베이터와 협력하여 스타트업을 육성한다. 'LA 클린테크 인큐베이터LACI'는 친환경 스타트업을 대상으로 단계별 멘토링을 제공하며, '빅셀 익스체인지Bixel Exchange'는 자본금, 마케팅, 고용 등을 지원하는 일대일 멘토링 프로그램을 운영한다. 또한 '에토스 소사이어티Ethos Society'는 창업가를 위한 공용 사무 공간을 제공하고, 'USC 비터비 스타트업 개라지USC Viterbi Startup Garage'는 12주 동안 기술 스타트업을 대상으로 교육 및 소규모 투자 기회를 제공한다.

미국의 유니콘기업 육성 전략은 민간 중심의 창업·투자 환경을 조성하는 데 초점을 맞추고 있다. 연방정부는 직접적으로 개입하기보다 세제 혜택 및 간접 지원을 활용하며, 주정부 차원에서 특화된 지원 프로그램을 운영하고 있다. 특히 대규모 벤처캐피털과 스타트업 허브, 민관협력을 통한 멘토링 및 네트워킹 지원이 미국의 창업 생태계를 활성화하는 핵심 요소로 작용하고 있다. 이는 창업과 성장의 자율성을 보장하면서도 스타트업의 스케일업을 효과적으로 지원하는 전략으로 평가할 수 있으며, 국내 정책 수립 시 참고할 만한 시사점을 제공한다.

영국

유럽 내 최다 유니콘기업을 보유하고 있는 영국의 유니콘 생태계는 핀테크산업을 중심으로 성장해 왔으며, 최근 바이오, 인공지능 등 첨단산업에서도 유니콘기업이 등장하고 있다. 영국 정부는 2024년 1월 '스케일업 이니셔티브Scaleup Initiative'를 발표해 유망한 스케일업 기업 20개를 선정하여, 규제 개선 지원, 공공데이터 제공, 정책 포럼 개최 등의 맞춤형 지원을 추진하고 있다.

영국의 대표적 스케일업 지원 기관인 '테크네이션Tech Nation'은 2011년 정부가 설립한 비영리기관으로, 창업 및 성장 단계 스타트업을 대상으로 투자 유치, 네트워킹, 해외 인재 확보 등을 지원해 왔다. 또한 후기 창업 기업을 위한 '퓨처 50' 프로그램을 운영하며, 연 매출 500만 파운드 이상 또는 시리즈 B 이상의 펀딩을 유치한 기업을 대상으로 네트워킹 및 정부와의 연계를 강화하고 있다. 2014년 설립된 '스케일업 인스티튜트Scaleup Institute'는 정부와 지자체의 지원 정책을 통합하는 데이터 허브 역할을 하며, 정책 연구와 스케일업 지수 발표 등을 통해 기업의 성장전략을 지원하고 있다.

영국의 유니콘과 스케일업 기업 지원 정책은 직접적인 재정지원보다는 네트워킹, 정보 제공, 규제 개선 등에 초점을 맞추고 있다. 이를 통해 시장의 자율성을 보장하면서도 기업의 성장 환경을 조성하는 것이 특징이다. 이는 정부가 적극적으로 개입하기보다, 민간 및 비영리기관과 협력하여 장기적이고 지속 가능한 스타트업 생태계를 구축하는 방식으로, 다른 국가에서도 참고할 만한 정책적 시사점을 제공한다.

프랑스

프랑스는 정부 주도의 스타트업 지원 프로그램인 '프렌치 테크La French Tech'를 통해 창업 생태계를 적극적으로 육성하고 있다. 2013년 시작된 이 정책 브랜드는 16개 국내 지역과 52개 해외 네트워크를 통해 운영되며, 60개 이상의 공공기관이 참여하고 있다. 프렌치 테크는 스타트업의 성장단계와 사회적 과제에 따라 다양한 하위 프로그램으로 구성되며, 대표적으로 유망 스타트업을 선별 지원하는 '넥스트 40/120', 사회문제 해결을 목표로 하는 '프렌치 테크 2030', 창업 다양성 제고를 위한 '프렌치 테크 트램펄린', 평등한 자금조달을 지원하는 '프렌치 테크 라이즈' 등이 있다.

이 중 '넥스트 40/120'은 세계적 성장을 기대할 수 있는 스타트업을 선정해 맞춤형 지원을 제공하는 프로그램으로, 매출 성장과 투자 유치 실적을 기준으로 120개 기업을 선정한 후, 이 중 40개를 '넥스트 40'으로 선정한다. 선정된 기업에는 전담 관리자가 배정되고 규제·표준 관련 법률 자문, 네트워크와 홍보 지원 등의 혜택이 주어진다. 2023년 넥스트 40/120 선정 기업의 사업 분야를 보면 핀테크, 헬스케어, 소매, 데이터, 그린테크 등의 분야가 주를 이룬다.

프랑스의 스타트업 지원 정책은 정부 주도의 강력한 브랜드 구축과 체계적인 선별 지원을 특징으로 한다. 특히 넥스트 40/120을 통한 정부 인증 효과는 해외투자 유치와 기업의 글로벌 진출을 촉진하는 데 기여하고 있다. 이는 민간 중심의 스타트업 생태계가 강한 영국과 차별화되는 방식으로, 국가 브랜드를 활용한 스타트업 육성 전략이 효과적인 모델이 될 수 있음을 시사한다.

독일

독일은 유럽에서 영국에 이어 두 번째로 많은 유니콘기업을 보유하고 있으며, 유럽 유니콘의 25퍼센트가 독일에서 탄생했다. 특히 창업자의 43퍼센트가 외국인일 정도로 개방적인 창업 환경을 갖추고 있다. 베를린은 영어 사용이 보편적이고 외국인 친화적인 문화가 형성되어 있어 유럽 내 창업 환경이 우수한 도시 중 하나로 평가된다. 독일의 스타트업 지원 체계는 연방정부, 지방정부, 민간 대기업과 액셀러레이터가 협력하는 방식으로 운영되며, 해외 진출과 스케일업을 중점적으로 지원하는 것이 특징이다.

연방정부 차원에서는 '저먼 액셀러레이터German Accelerator' 프로그램을 통해 스타트업의 해외시장 진출을 지원하고 있다. 2012년부터 시작된 이 프로그램은 연방정부 경제·기후행동부BMWK의 재정 지원 아래 민간 액셀러레이터 기업이 운영하며, 맞춤형 멘토링, 기업 간 네트워킹, 시장별(중국, 아시아 등) 분야별(인공지능, 바이오, 기후) 프로그램을 제공한다. 이를 통해 독일 스타트업의 글로벌 경쟁력을 높이는 것이 주요 목표이다.

지방정부 차원에서도 다양한 창업 및 스케일업 지원 프로그램이 운영되고 있다. 노르트라인-베스트팔렌주NRW는 '스케일업.NRW' 프로그램을 통해 18개월간 맞춤형 컨설팅을 제공하며, 1단계에서는 기업별 스케일업 전략을 수립하고, 2단계에서는 네트워크를 활용한 지원이 이루어진다. 함부르크시는 해외 스타트업의 지역 정착을 목표로 하는 '스케일업 랜딩패드 함부르크Scaleup Landing Pad Hamburg' 프로그램을 운영하여, 유망 해외 기업을 선정해 투자자 연결, 사업부지 컨설팅, 임대 지원 등의 혜택을 제공한다.

프랑크푸르트시는 유럽 금융 중심지라는 강점을 활용해 '스케일업 프랑크푸르트' 프로그램을 운영하며, 스타트업이 해외 네트워크를 확장하고 투자 유치를 받을 수 있도록 돕는다. 이 프로그램은 프랑크푸르트 경제개발청과 민간 액셀러레이터인 테크쿼티어TechQuartier가 협력하여 진행하며, 멘토링과 네트워킹 지원을 주요 내용으로 한다. 이를 통해 프랑크푸르트 소재 스타트업들이 글로벌시장으로 진출할 기회를 얻고, 금융·핀테크 분야의 기업이 더욱 성장할 수 있도록 지원하고 있다.

독일의 스타트업 정책은 연방정부와 지방정부, 민간이 유기적으로 협력하는 방식으로 운영된다는 점에서 차별화된다. 연방정부는 해외시장 진출을 지원하는 데 초점을 맞추고 있으며, 지방정부는 지역 내 스타트업을 성장시키거나 해외 스타트업을 유치하는 데 집중한다. 또한 대기업과 민간 액셀러레이터가 창업 및 성장 지원의 중요한 역할을 맡아 민관협력이 활발하게 이루어지고 있다. 이러한 점에서 독일의 스타트업 지원 정책은 단순한 자금 지원을 넘어 글로벌시장 진출과 스케일업을 촉진하는 방향으로 설계되어 있으며, 한국도 해외 진출과 지역 기반 맞춤형 지원을 고려한 정책 설계가 필요하다는 시사점을 제공한다.

일본

일본은 2022년 말에 발표한 '스타트업 육성 5개년 계획'을 통해 2027년까지 10조 엔 규모의 투자를 바탕으로 10만 개 스타트업과 100개의 유니콘기업을 육성하는 것을 목표로 하고 있다. 이 계획은 인재 및 네트워크 구축, 자금 공급 강화, 오픈 이노베이션 추진이라는 3개의 주요 정책 방향을 설정하고, 각 세부 계획을 통해 스타트업을 전방위적으로 지원하고 있다. 가장 주목할 만한 사업은 'J-스타트업 프로그램'으로, 2018년부터 시작되어 매년 유망 기업을 선정하여 글로벌시장에서의 경쟁력을 높이고 있다.

J-스타트업 프로그램은 일본 경제산업성이 주도하고, 일본무역진흥기구JETRO와 신에너지·산업기술종합개발기구NEDO 등이 참여하는 민관협력 사업으로, 딥테크, 플랫폼, 지속가능발전 분야의 기업을 지원한다. 민간 전문가들이 후보 기업을 추천하면 외부 심사위원회의 최종 선정 후 지원이 이루어지며, 프로그램에 선정된 기업은 다양한 혜택을 받게 된다. 이 프로그램의 주요 지원 내용에는 기업 브랜딩, 홍보, 해외 행사 참여, 규제샌드박스 활용, 비즈니스 매칭 등이 포함된다.

또한 일본은 지역 사회의 유망 스타트업을 지원하기 위해 'J-스타트업 로컬' 프로그램도 운영 중이다. 이는 지역 단위로 유망 스타트업을 발굴하여 지원하는 사업으로, 홋카이도, 도호쿠, 간사이 등 7개 지역에서 실행된다. 더 나아가 2023년부터는 'J-스타트업 임팩트'라는 새로운 사업을 통해 성장잠재력이 크고 사회적 영향력이 있는 스타트업을 선정하여 더욱 집중적으로 지원하고 있다.

일본의 스타트업 지원 정책은 정부와 민간이 협력하여 다각적인 지원을 제공하는 점에서 큰 특징을 보인다. 특히 규제샌드박스 활용이나 해외 네트워킹 지원 등 글로벌시장을 염두에 둔 전략이 돋보인다. 한국은 일본의 정책을 참고하여 창업 생태계를 활성화하고, 글로벌 진출을 목표로 하는 스타트업을 더욱 체계적으로 지원하는 방안을 고려할 수 있을 것이다.

국내 유니콘 지원 정책

한국

한국의 유니콘 지원사업은 세 가지 주요 정책인 팁스, 케이-유니콘 프로젝트, 초격차 창업기업 1000+ 프로젝트를 통해 창업 기업을 발굴하고 지원하는 방식이다. 각 사업은 민간과 정부의 협력, 맞춤형 지원, 그리고 성장 가능성이 있는 기업에 대한 집중 지원을 통해 유니콘기업을 육성하고 있다.

'팁스Tech Incubator Program for Startup, TIPS'는 중소벤처기업부의 대표적인 창업기업 지원사업으로, 민간의 전문성과 역량을 활용하여 창업 기업을 성장단계별로 발굴하고 지원하는 프로그램이다. 2013년부터 시작되었으며, 정부는 창업 기업이 기술개발과 창업 사업화 자금을 지원받도록 하고, 민간 운영사는 투자, 보육 등 지원을 담당한다.

현재까지 2,700개 이상의 창업 기업이 지원받았으며, 총 13조 원 규모의 후속 투자를 유치하는 성과를 보였다. 팁스는 2022년부터 딥테크 트랙을 신설하여 신산업 창업 기업을 전략적으로 육성하고 있다. 이 사업은 특히 창업 기업이 민간투자와 연계하여 성장하는 구조를 갖추고 있어, 민간과 정부의 협력이 중요한 특징이다.

'케이-유니콘 프로젝트'는 2020년 4월부터 시행된 유니콘기업 육성 프로그램으로, 1단계 아기 유니콘(기업가치 1천억 원 미만)을 예비 유니콘(기업가치 1천억 원 이상)으로 육성하고, 2단계에서는 예비 유니콘을 유니콘(기업가치 1조 원 이상)으로 키우는 것을 목표로 한다.

이 프로그램은 아기 유니콘기업에 최대 3억 원의 시장개척 자금과 최대 50억 원의 특별보증을 지원하고, 예비 유니콘기업에는 최대 200억 원의 특별보증을 제공하여 민간 금융권과 협력하여 기업의 성장을 돕는다. 이를 통해 유니콘기업으로 성장할 가능성이 높은 기업들을 발굴하고 지원하고 있다.

'초격차 창업기업 1000+ 프로젝트'는 2022년 시작된 신산업 분야에서 세계시장 진출 가능성이 큰 유망 창업 기업을 발굴하고 육성하는 사업이다. 정부는 이 사업을 통해 10대 신산업 분야를 선정하고 관련 기업을 집중적으로 지원하고 있다. 예를 들어 시스템반도체, 바이오헬스, 로봇, 빅데이터·인공지능 등 다양한 분야에 걸쳐 최대 6억 원의 사업화 자금과 최대 5억 원의 기술개발 자금을 지원하며, 3년 동안 총 11억 원의 지원을 제공한다. 또한 기술사업화 주관기관으로부터 분야별 특화된 지원을 받아 신산업 창업 기업이 빠르게 성장할 수 있도록 돕는다.

한국의 유니콘 지원사업은 집중성과 세분화된 지원에 강점을 가지고 있으며, 이는 일본, 유럽, 미국 등과 차별화되는 점이다. 특히 한국은 10대 신산업 분야를 선정하여 해당 분야의 유망 창업 기업을 집중적으로 지원하는 방식으로, 딥테크와 같은 고도화된 산업기술에 특화된 지원을 강화하고 있다. 예를 들어 팁스 프로그램은 민간 벤처캐피털과 협력하여 유망 창업 기업을 발굴하고, 케이-유니콘 프로젝트는 예비 유니콘기업에 대한 세부적인 지원 체계를 마련하여 단계적 성장을 돕고 있다. 이는 전국적인 스타트업 지원이라는 유럽의 접근방식과는 다르게 특정 산업군을 집중적으로 육성하는 전략이다.

반면 미국은 실리콘밸리를 중심으로 한 민간투자 환경과 시장 기반의 스타트업 생태계가 특징으로, 유니콘기업들이 민간 벤처 투자를 통해 빠르게 성장하는 구조다. 미국은 정책적 지원보다 민간 주도의 창업 환경에서 자연스럽게 유니콘기업이 탄생하는 경향이 강하다. 일본은 J-스타트업 프로그램을 통해 기술 중심 스타트업의 지원을 강화하고 있으나, 한국의 산업별 집중 지원과 비교해 볼 때 지원의 집중성이 부족한 면이 있다. 또한 유럽은 국제적 협력과 스타트업 간 네트워킹을 강조하지만, 각국 간 지원의 불균형으로 인해 스타트업들이 고른 혜택을 받지 못할 수 있다.

결국 한국의 유니콘 지원 정책은 산업 특화와 단계적 지원에 집중하며, 민간 벤처캐피털과의 협력을 통해 유망 창업 기업이 빠르게 성장할 수 있는 환경을 제공하고 있다는 점에서 유럽과 일본, 미국과 차별화된다. 특히 유럽의 경우 광범위한 지원이 오히려 분산된 효과를 낳을 수 있다는 점에서, 한국이 보다 집중적이고 전략적인 지원을 통해 효율적인 유니콘 육성 모델을 제시하고 있다고 할 수 있다.

서울

서울시의 창업 정책은 2008년 금융위기와 청년실업 문제에 대응하기 위해 시작되었다. 그 시작은 2009년의 '2030 청년창업 프로젝트'로 청년 창업가 1천 명을 육성하는 목표를 가진 이 프로젝트를 통해 창업의 저변이 확대되는 계기를 마련하였다. 이후 2014년에는 '창업특별시 서울'을 목표로 창업센터 혁신 계획이 시행되었고, 서울창업허브 개소를 통해 기술 창업에 대한 지원을 본격화했다.

2019년부터는 '글로벌 TOP 창업도시 서울'을 목표로 스케일업 지원에 집중하면서 창업 생태계의 질적 성장을 도모했고,

2023년에는 '서울 창업 정책 2030'을 발표하여 유니콘 창업 기업을 육성하기 위한 공간, 자본, 인력 지원을 확대하기 시작했다. 이러한 정책은 서울시의 창업 환경을 빠르게 확장시켜 서울시는 2023년까지 30개의 창업지원시설을 운영하게 되었고, 결과적으로 1만 4천 개의 창업 기업이 2만 3천 개의 일자리를 창출하는 성과를 올렸다.

서울시는 창업 생태계의 양적 성장을 이룩했을 뿐만 아니라 질적 성장에도 큰 성과를 보였다. 서울시 지원을 받은 창업 기업은 1조 5천억 원 규모의 투자 유치와 매출액 5조 7천억 원 달성 등의 성과를 거두었으며, 2024년 국가전자제품박람회CES, 이하 CES에서는 서울시 지원을 받은 37개 기업이 CES 혁신상을 수상하는 등 서울 창업 기업의 글로벌 위상을 높였다. 그 결과 서울은 스타트업 지놈의 발표에서 전 세계 10대 창업하기 좋은 도시로 선정되며 창업 선진 도시로 자리매김하게 되었다.

하지만 서울의 유니콘기업 증가 속도는 미국, 독일과 같은 창업 강국에 비해 더디다는 한계가 있었다. 이를 해결하기 위해 서울시는 2023년 6월, 2030년까지 글로벌 유니콘 50개를 육성하고, 1천 개 창업 기업이 성장할 수 있는 세계 최대 서울 유니콘 창업 허브를 건설하겠다고 발표하며, 세계 5위 창업 도시로 도약하기 위한 '서울 창업 정책 2030'을 제시했다.

'서울 유니콘 창업 허브'는 단순히 사무 공간을 제공하는 데 그치지 않고 아이디어 발굴, 기술 실증, 시제품 제작, 투자 유치 등 창업의 전 과정을 지원하는 복합공간이 될 것이다. 이를 통해 서울의 창업 생태계가 한층 더 활성화될 것으로 기대된다.

또한 서울시는 유니콘기업이 안정적으로 성장할 수 있도록 대규모 펀드를 조성하여 재정적 지원 기반을 강화하고 있다. 5조 원 규모의 '서울비전 2030 펀드'와 1천억 원 규모의 '유니콘 창업 허브' 전용 펀드를 조성하여, 잠재력 있는 스타트업이 유니콘기업으로 성장할 수 있도록 지속적인 지원을 제공할 예정이다. 이러한 펀드 조성과 투자 활성화 정책은 서울의 창업 시장에 활력을 불어넣고, 글로벌시장에서 경쟁할 수 있는 선도 기업을 배출하는 데 중추적인 역할을 할 것이다.

유니콘기업 육성에서 전문적이고 혁신적인 인재 확보는 필수 요소다. 서울시는 이를 위해 '청년취업사관학교'를 서울 전역으로 확대 운영하여 매년 4천 명 이상의 디지털 인재를 배출할 계획이며, 스타트업 맞춤형 교육과정을 개발해 2030년까지 혁신형 인재 1만 명을 배출할 예정이다. 이와 함께 서울시는 미래·첨단산업 분야에서 글로벌 핵심 인재를 유치하기 위한 전략적 접근을 강화하고 있다. 기업 수요에 맞춘 이공계 해외 인재 발굴, 국내 기업과의 매칭 지원, 안정적인 정착을 위한 프로그램 운영 등을 포함한 포괄적인 해외 인재 유치 전략을 실행해 나가고 있다. 이를 통해 서울은 유니콘기업이 필요로 하는 글로벌 인재 기반을 확보하고, 국제경쟁력을 갖춘 탄탄한 창업 생태계를 조성할 것이다.

무엇보다 서울시는 기술혁신 역량이 국가와 도시 번영의 핵심 요소임을 감안하여 인공지능, 로봇, 핀테크, 바이오 등 4대 미래산업에서 유니콘기업의 탄생을 지원하기 위한 과감한 정책을 추진하고 있다. 특히 4차 산업혁명의 핵심 기술로 평가받는 인공지능은 경제, 산업, 사회 전반을 재편하는 혁신의 동력이 될 것으로 평가된다. 최근 중국의 딥시크의 등장은 글로벌 인공지능기술 경쟁에 새로운 균열을 만들고 있다. 우리와 같은 추격자에게 희망과 가능성을 보여 줬기 때문이다.

이에 서울시는 26만 제곱미터 규모의 'AI 테크시티'를 조성하여 인공지능산업의 핵심 거점을 구축하고, 5천억 원 규모의 인공지능 펀드를 신설하여 인공지능 스타트업과 핵심 인재 1만 명(연간)을 집중 육성하고자 한다. 또한 '스마트라이프위크'를 인공지능 중심 행사로 확대하여 서울을 글로벌 인공지능 무대로 발전시킬 예정이다.

한편 로봇산업 분야는 2천억 원 규모의 펀드를 조성해 로봇 기술 실증 및 상용화를 지원할 예정이다. 핀테크산업에서는 '여의도 통합 서울핀테크랩'을 설립하고, '서울핀테크 위크'를 개최하여 해외투자 유치 기회를 확대할 예정이다. 또한 바이오산업은 '바이오 허브 글로벌 협력동'과 '홍릉 R&D 지원센터'를 확충하고, 1조 6천억 원 규모의 바이오 펀드를 조성하여 바이오 연구자들이 창업에 도전할 수 있는 환경을 마련할 계획이다.

이러한 전략적 접근을 통해 서울은 인공지능, 로봇, 핀테크, 바이오 등 4대 미래산업을 선도하는 유니콘기업을 육성하고, 미래산업의 경쟁력을 강화할 것이다. 서울시는 유니콘기업 육성 정책을 단기적인 창업 지원이 아닌, 지속가능한성장 모델로 구축하는 데 초점을 맞추고 있다.

2030년까지 서울은 50개의 유니콘기업을 육성하고, 인공지능, 로봇, 핀테크, 바이오 등 다양한 첨단 분야에서 글로벌경쟁력을 갖춘 기업들이 탄생할 것으로 기대한다. 유니콘기업의 성공적인 성장은 서울을 글로벌 혁신 허브로 자리매김하게 하고, 대한민국 경제의 새로운 도약을 이끄는 핵심 동력이 될 것이다. 서울시는 앞으로도 창업 생태계를 혁신하고, 유니콘기업을 육성하는 데 필요한 모든 지원을 아끼지 않을 것이다.

'서울시의 창업 정책'은 유니콘기업 육성과 창업 허브 확대를 핵심으로 하며, 양적·질적 성장을 모두 목표로 하고 있다. 이는 다른 창업 강국들과 비교했을 때, 서울이 빠르게 글로벌 창업 생태계를 확장하고 있다는 점에서 주목할 만하다.

'서울 창업 정책 2030'은 유니콘기업 육성과 글로벌 스케일업 지원을 위한 체계적인 접근을 보여 준다. 특히 유니콘 창업 허브를 설계하고, 창업 기업에 필요한 다양한 자원(공간, 자본, 인력)을 종합적으로 지원하는 데 있어 민관협력을 통한 창업 생태계를 강화하는 것을 목표로 하고 있다. 이는 팁스, 케이-유니콘 프로젝트, 초격차 창업기업 1000+ 프로젝트 등 정부의 유니콘 지원사업과 유사한 점이 많다.

다만 유니콘기업 육성 속도와 관련해 미국, 독일 등 선진 창업 생태계를 가진 국가들에 비해 다소 더디다는 한계를 지닌 서울은 육성 지원 규모와 범위를 강화할 필요가 있다. 특히 창업 생태계의 질적 성장을 이루기 위한 멘토링, 글로벌 파트너십 등 보다 실질적인 창업 기업의 성장을 돕는 요소가 더욱 강조되어야 한다. 글로벌시장 진출을 목표로 하는 만큼, 서울시가 경쟁력 있는 창업 인프라를 제공하기 위해서는 더욱 실질적인 금융 지원과 전문가 인프라를 확충해야 할 것이다.

각국의 유니콘기업 육성 정책을 살펴보면 가장 일반적인 형태는 유망 기업을 선별하여 네트워킹을 지원하는 방식이었다. 스케일업의 핵심 요소인 혁신, 투자, 네트워킹 중에서 혁신은 기업 스스로 해결해야 하는 영역이며, 공공부문의 역할은 네트워킹 지원에 집중되는 경향이 나타났다. 투자는 기업이 유니콘에 가까워질수록 필요한 자금 규모가 커지기 때문에 공공부문이 직접 투자를 감당하기에는 한계가 있으며, 일부 기금 조성(유럽연합 사례)과 같은 사례를 제외하면 주로 민간투자 시스템을 통해 조달되는 경향이 있었다.

영국, 프랑스, 일본의 사례에서도 확인되듯이 성장성과 유망성을 기준으로 공공이 민간과 함께, 혹은 민간을 통해 기업을 선정하고 공표하는 정책이 두드러진다. 이어 선별에 그치지 않고 마중물 격인 선투자를 시행하여 국가가 해당 기업의 투자 가치를 보증하는 역할을 담당하고, 이를 통해 민간, 특히 해외자본의 후속 투자를 유도하는 효과를 기대하는 정책 방식 또한 보편적으로 쓰이고 있었다. 네트워킹 지원 방식은 홍보 이벤트, 비즈니스 매칭, 멘토링 등으로 다양하며, 신기술·신산업 분야의 유망 기업을 맞춤형으로 지원하여 효과를 극대화하려는 모습이 관찰된다.

8장

유니콘 육성 전략

유니콘 육성 전략의 방향

1970~1980년대 한국은 산업화를 통해 세계적으로 유례없는 경제성장을 이루어 냈다. 정부는 대기업 중심의 경제성장 전략을 강력히 추진하며 중화학공업, 자동차산업 등을 집중 육성했다. 그 결과 단기간에 산업기반이 구축되었고, 글로벌경쟁력을 갖춘 대기업들이 등장했다.

경제성장은 일자리창출과 국민소득 증가로 이어지며 소비 활성화와 함께 경제의 선순환 구조를 정착시켰다. 한국은 산업화와 민주화를 모두 성공적으로 이룬 세계적으로 드문 사례가 되었으며, 빠른 경제발전을 이룬 모범 국가로 평가받았다. 그러나 1997년 IMF 외환위기를 계기로 대기업 중심 경제구조의 취약성이 드러났고, 양적 성장 모델이 한계에 도달하면서 질적 성장으로의 전환이 요구되었다. 이후 IT 기술을 기반으로 한 벤처 생태계가 조성되면서 기술과 기업의 혁신이 경제발전에 미치는 영향이 더욱 중요하게 인식되었다.

2025년, 한국 경제는 다시 한번 중대한 전환점에 서 있다. 인공지능 혁명이 촉발한 산업구조 변화와 글로벌경제 패러다임의 변화 속에서, 새로운 성장동력으로 스타트업과 유니콘기업을 적극 육성해야 한다는 요구가 커지고 있다. 특히 서울은 유니콘기업이 성장하기에 최적의 환경을 갖춘 도시로 평가받고 있다.

유니콘기업 육성의 핵심 요소 중 하나는 우수 인재의 확보이다. 서울은 54개 대학과 약 68만 명의 재학생, 2만여 명의 전임교원이 연구 활동을 하고 있는 세계적으로도 드문 인재 밀집 도시다. 글로벌 인재 확보에도 강점을 보이며, 외국인 유학생 7만 5천여 명 중 절반이 서울에서 학업을 이어 가고 있다.

미국 스탠퍼드대가 발표한 '인공지능 지수 2024' 보고서에 따르면 한국은 10만 명당 인공지능 관련 특허가 10.26개로 조사 대상국 중 1위, 인공지능 인력 밀도(0.79퍼센트)는 세계 3위다. 이러한 인적 자원은 유니콘기업의 혁신성과 경쟁력을 높이는 데 중요한 역할을 한다.

유니콘기업 육성을 통한 청년 일자리창출 효과도 기대할 수 있다. 서울의 혁신기업들이 글로벌시장에서 경쟁력을 갖추게 되면, 양질의 일자리가 늘어나고 창업 생태계도 더욱 활성화될 것이다.

유니콘기업은 단순히 빠르게 성장하는 기업이 아니라, 혁신적인 기술과 비즈니스 모델을 기반으로 글로벌시장에서 경쟁력을 확보한 기업이다. 이러한 기업들이 성장할수록 산업 전반의 혁신이 가속화되고 생산성과 경쟁력이 향상된다. 또한 성공한 유니콘기업의 사례는 후발 스타트업들의 해외 진출을 촉진하는 마중물이 될 수 있다. 실리콘밸리의 스타트업 생태계가 강력한 이유도 선배 기업들이 기업상장이나 인수합병을 통해 지속적으로 창업 생태계를 지원하고 있기 때문이다.

한국이 유니콘기업을 적극 육성해야 하는 이유는 미래 핵심산업을 선점하기 위한 전략적 중요성 때문이다. 서울은 상대적으로 제조업 기반은 부족하지만, 세계적인 대학과 연구기관, 우수한 창업 지원 인프라를 보유하고 있어 인공지능, 로봇, 바이오 등 4차 산업혁명 기술 중심의 스타트업이 성장하기에 최적의 조건을 제공한다. 4차 산업혁명 기술을 활용한 유니콘기업 육성을 통해, 서울은 미래산업 경쟁력을 확보하고 글로벌경제 변화에 효과적으로 대응할 수 있다. 기술 기반 스타트업의 성장은 기존 산업과의 융합을 촉진하여 제조업과 전통산업에도 혁신을 가져오고, 국가경제의 지속가능한발전에도 기여할 것이다.

최근 5년 동안 한국의 유니콘기업 수는 2019년 10개에서 2023년 14개로 소폭 증가했지만, 전체 유니콘 수에서 한국이 차지하는 비율은 오히려 감소하였다. 이는 한국의 유니콘 성장세가 정체된 것을 의미한다. 또한 유니콘 수가 증가했음에도 불구하고 한국 유니콘의 총 기업가치는 2019년 290억 달러에서 2023년 325억 달러로 거의 동일한 수준을 유지하고 있어, 평균 기업가치가 감소한 것으로 나타난다. 업종을 보면 한국의 유니콘기업 절반 이상이 소비자 서비스B2C나 리테일 분야에 집중되어 있는 반면, 글로벌 유니콘의 대부분은 B2B 기업이다. 한국은 미래 기술을 이끌어 갈 원천기술 스타트업이 부족한 상황인 것이다.

유니콘 및 스케일업 지원 정책 역시 글로벌 주요 국가들이 이미 스케일업의 중요성을 인식하고 다각적인 지원을 하고 있지만, 한국은 유니콘 육성 정책을 본격적으로 추진한 것이 2020년 이후로 다소 늦었다. 또한 지원 체계는 여전히 단편적이며, 유니콘에 특화된 종합적이고 집중적인 지원이 부족하다. 이로 인해 한국의 유니콘기업들이 글로벌시장에서 제대로 성장하는 데 한계가 있다.

유니콘기업으로 성장하려는 스타트업들은 이미 초기 단계를 지나 일정 규모를 갖춘 기업이다. 이들 기업은 수백 명의 직원을 고용하고 있으며, 펀드레이징을 통해 수백억 원에서 많게는 수천억 원 이상의 자금을 확보한 상태다. 이러한 기업을 한 단계 도약시키기 위해 집중적인 지원 정책을 실행하면, 과거 산업화 시절 대기업 지원 정책이 비판받았던 것과 같은 논란이 제기될 가능성이 크다. 즉 '한계 기업도 많은데 잘나가는 기업을 지원한다'는 비판이 뒤따를 수 있다.

이러한 비판을 극복하기 위해서는 유니콘기업 육성 정책에 대한 강력한 정책 의지뿐만 아니라 국민적 공감대를 형성하는 것이 필수적이다. 우리는 이러한 비판에도 불구하고 원칙을 분명히 하고 타당한 기준을 세워 유니콘기업을 육성해야 한다. 유니콘으로 성장하는 스타트업들은 더 이상 차고를 사무실로 쓰고 열악한 환경에서 일하는 기업이 아니다. 대기업보다 높은 연봉을 제공하고 쾌적한 사무실에서 높은 생산성과 효율성을 추구하는 기업이다.

유니콘기업을 육성하면서 스타트업 저변 확대 정책과 동일한 시각으로 접근해서는 안 된다. 10억 원을 1천만 원씩 나누어 지급하는 식의 지원으로는 세계적 유니콘기업을 키울 수 없는 게 현실이다. 원칙과 기준을 갖고 10억 원을 한 곳에 집중적으로 투자할 수도 있어야 글로벌경쟁력을 지닌 데카콘 기업이 탄생할 수 있다. 즉 제대로 선별하여 집중적으로 키우는 전략이 필요하다.

'젓가락 팔'로 대형 로켓 회수에 성공하는 경이로운 기술을 구현한 스페이스엑스도 NASA의 대규모 지원이 없었다면 불가능했을 것이다. 미국 정부가 우주산업의 패권을 확보하기 위해 전략적으로 기업을 지원한 결과, 지금의 스페이스엑스가 존재하는 것이다. 국가가 적극적으로 혁신기업을 지원할 경우, 단순히 기업 한 곳의 성장이 아니라 국가 산업 전체의 발전으로 이어질 수 있다.

유니콘기업 육성 정책은 단기적으로 특정 기업을 지원하는 것이 아니라, 장기적으로 국가경제의 혁신 생태계를 강화하는 데 목적이 있다. 이를 국민에게 명확히 전달하여 사회적 공감대를 형성해야 정책의 신뢰성을 높이고 지지를 얻을 수 있다. 국가의 경쟁력은 기술과 기업 없이는 이룰 수 없다.

우리나라는 1950년대 원자력, 1970년대 조선·자동차·철강, 1980년대 반도체라는 '사과나무'를 키워 왔기에 전후 세계 최빈국에서 이제는 대외 원조를 시행하는 선진국 반열에 올라설 수 있었다. 인공지능 혁명이 불러일으킨 새로운 물결 앞에서, 우리는 이제 인공지능, 바이오, 로봇과 같은 새로운 산업에서 또 다른 사과나무를 심어야 한다. 유니콘기업은 새로운 일자리를 창출하고, 기술혁신을 이끌며, 글로벌시장에서 경쟁력을 확보하는 핵심 동력이 될 것이다.

다만 주의해야 할 점이 있다. 유니콘 정책을 말하기 전에 우리는 국가 혹은 지역정부의 노력만으로 유니콘이나 스타트업 창출을 보장할 수 없다는 사실을 상기해야만 한다. 이는 유니콘의 탄생과 성장, 그리고 그에 따른 국가나 지역 유니콘 지원 정책의 경험에서 반복적으로 나타나는 추세이다.

정부의 제안은 기업의 관점에서 성공의 필요충분조건이 될 수 없다. 국가나 지역정부가 아무리 열심히 지원책을 마련하고 유치활동을 해도, 기업은 자신에게 필요한 요소를 다른 곳에서 찾을 가능성이 크다. 특히 유니콘기업과 같은 매력적인 기업들은 지방정부가 제공하는 인센티브 이상의 혜택을 이미 다른 선택지에서 찾고 있기 때문에 지역정부의 제안이 부수적인 요소로 인식될 수 있다.

기업의 성공 논리는 매우 명확하다. 기업이 성장하고 성공하는 과정에서 정부의 정책은 부수적인 역할을 할 뿐, 그 성공을 결정짓는 핵심적인 요소는 아니다. 기업들은 자신들의 사업모델과 시장에서의 경쟁력을 기반으로 성장하며 기업의 성공은 결국 시장과 사업 논리에 맞춰 이루어지기 때문에 정부의 지원이 긍정적인 영향을 미칠 수는 있지만, 정부의 역할은 태생적으로 제한적이다.

그렇기에 정부는 국가나 지역과 자신을 동일시하는 오류를 범하지 말아야 한다. 정부는 종종 자신이 관할하는 국가나 지역을 발전시키는 것에 집중하지만, 이는 기업 유치에 있어 반드시 결정적인 요소가 되지 않는다. 지역의 공간적 조건은 기업들에 매력적인 요소로 작용할 수 있으나, 그것만으로 유니콘기업을 유치하는 데는 한계가 있다. 성공적으로 기업을 유치하려면 지역의 공간적 특성보다도 기업의 요구와 맞물려 가는 정책과 환경이 더 중요하다는 점을 인식해야 한다.

반대로 많은 사람은 정부가 스타트업이나 기업의 지원을 위해 재원을 조성하고, 그 외의 모든 사항은 자유방임laissez-faire 방식으로 기업에 맡겨야 한다고 주장하기도 한다. 하지만 이러한 접근 역시 현실적이지 않으며, 성공을 보장할 수 없다는 점을 명확히 할 필요가 있다.

이는 실리콘밸리의 사례를 원용하면서 정부의 개입을 최소화하려는 주장으로 스타트업의 자율성과 창의성을 존중한다는 명목이지만, 실제로는 기업의 성장과 혁신을 저해할 수 있다. 단적으로 정부나 공공부문이 생태계의 위험을 인수하거나 담보해야 한다는 주장은 건전한 생태계의 자연스러운 원칙과는 맞지 않으며, 스타트업을 마치 공공재처럼 취급하는 잘못된 접근으로 이어지는 지름길이다.

따라서 유니콘 창출을 위한 정책은 기업의 성공 원리를 이해하고, 정부나 공공부문이 제공할 수 있는 진정한 가치를 재정립하는 데 초점을 맞추어야 한다.

혁신 생태계를 조성하기 위해서는 도전하는 혁신가들이 새로운 기술을 개발하고, 산업을 개척하며, 미래를 만들어 갈 수 있도록 혁신 성장의 기반을 다지고 걸림돌을 제거해야 한다. 유니콘기업 육성 정책은 국가경제의 미래를 위한 가장 중요한 전략적 과제 중 하나다. 위기의 대한민국을 한 단계 도약시키는 중요한 계기로 삼아, 실기하지 않고 성공적으로 추진해야 한다. 그 성공을 위해서는 정책적 결단과 국민적 공감대 형성이 필수적이다. 지금이 바로 새로운 유니콘기업을 탄생시키고 국가경제의 미래를 만들어 갈 중요한 전환점이다.

유니콘 육성 전략의 실제

한국의 유니콘기업 육성 전략은 이상의 내용을 감안하여, 우선 딥테크 중심의 과감한 전 주기적 지원, 혁신클러스터 조성, 대학 위주 산학연 협력 강화, 글로벌 자원과 시장으로의 확장, 선도적인 규제개혁, 그리고 지역정부 역할의 재발견과 같은 정책 분야를 집중적으로 추진할 필요가 있다.

딥테크 유니콘 육성을 위한 선별적 맞춤형 지원

유니콘과 스케일업을 키우는 데 있어서는 단기적인 산업육성 정책만으로는 부족하다. 각 기업의 특성과 기술 트렌드를 반영한 전 주기적인 맞춤형 지원이 필요하다. 물론 지원의 형평성 문제가 있을 수 있지만, 과거 기간산업과 대기업 중심의 정책이 한국 경제를 성장시킨 것처럼, 이제는 딥테크 분야와 유니콘을 통해 경제의 질적 성장을 이끌어야 한다. 정부가 과감하게 지원하지 않으면 글로벌시장에서 경쟁력을 갖추는 데 어려움이 있을 것이다.

7장에서 살펴보았듯이 주요 국가들은 이미 유니콘기업을 육성하기 위해 매우 과감한 지원을 하고 있다. 예를 들어 일본은 인공지능 유니콘을 육성하기 위해 규제 개선은 물론 고성능 인프라 자원을 정부가 직접 구매하여 지원하는 등 기존의 정책 틀을 깨는 방식으로 지원을 아끼지 않는다. 미국은 특히 실리콘밸리와 같은 혁신클러스터를 기반으로 대규모 펀드와 세액 공제 등을 통해 유니콘기업의 스케일업을 촉진하고 있으며, 유럽 국가 또한 각국의 특성에 맞는 정책으로 딥테크 기업을 집중 지원하고 있다.

유니콘기업을 발굴하고 그들이 성장할 수 있도록 집중 지원하는 것이 중요하다. 기존의 지원 프로그램은 너무 단편적이기 때문에 기업들이 세계시장에서 경쟁할 수 있도록 맞춤형으로 지원해야 한다. 예를 들어 '유니콘 TIP'과 같은 제도를 도입하여 국내외 투자회사가 투자한 기업에 정부가 매칭 투자하는 방식으로 유니콘의 성장을 도울 수 있다. 이를 통해 대규모 펀딩이 필요한 유니콘기업들에 실질적인 지원을 할 수 있다.

유니콘기업이 가장 필요로 하는 것은 인재이다. 이를 위해 인재 확보와 관련된 정책이 필요하고, 특히 해외 기술 인력을 위한 비자 제도 개선도 중요하다. 국내 인력뿐만 아니라 해외 인력도 지원해야 한국 유니콘들이 글로벌경쟁력을 갖출 수 있을 것이다.

한국의 유니콘 시장을 확장하고 경제성장과 국가경쟁력을 높이기 위해서는 B2C 중심에서 벗어나 딥테크 분야의 유니콘을 육성해야 한다. 인공지능, 양자컴퓨팅, 바이오, 로보틱스, 자율주행, 블록체인 등 다양한 미래 기술을 기반으로 한 기업들이 유니콘으로 성장할 수 있는 환경을 만들어야 한다. 그러나 딥테크 창업은 초기 단계에서 막대한 투자와 기술 융합이 필요하고 장기적인 시간이 걸리기 때문에 기존의 창업과는 차이가 있다. 따라서 딥테크 분야는 기존의 창업 지원 정책을 넘어서는 별도의 지원 정책이 필요하다.

최근 중소벤처기업부는 딥테크 스타트업을 육성하기 위한 프로그램을 진행하고 있으나, 여전히 부족한 점이 많다. 특히 창업 이후 성장기로 진입하는 기업에 전 주기적인 지원이 필요하다. 예산이 단기적인 창업 지원에 집중되어 있어, 딥테크 기업들이 스케일업을 하는 데 필요한 중장기적인 지원을 받기 어려운 상황이다. 정부 부처의 예산이 2천억 원 수준에 그치고 있는데, 이를 2조 원 이상으로 늘려서 기업들이 더 안정적으로 성장할 수 있도록 도와야 한다.

혁신클러스터의 조성과 운영

유니콘기업을 육성하기 위한 국가 전략에서 중요한 것은 소비 중심의 경제구조를 넘어 연구 중심의 벤처 허브를 조성하는 것이다. 특히 플랫폼 기반의 유니콘기업은 시장규모가 큰 국가가 유리하지만, 딥테크 분야에서는 선택과 집중을 통해 작은 국가도 경쟁력을 가질 수 있다. 이스라엘이 딥테크 분야에 집중하면서 유니콘기업 수를 빠르게 늘리고 있는 것이 좋은 사례다. 딥테크 기업은 장기간의 연구와 실험이 필요하기 때문에 대학과 연구소를 중심으로 한 산학연 협력 강화가 필수적이며, 이를 효과적으로 지원할 투자 생태계를 조성해야 한다.

이를 위해 혁신클러스터 구축이 필요하다. 현재의 산학연 협력 체계를 개선하고, 대학·기업·연구소 간 상시적인 네트워크를 형성할 수 있도록 온오프라인 플랫폼을 구축해야 한다. 또한 대학 인근 녹지 공간을 활용해 기술·창업 밸리나 유니콘 후보 기업을 위한 특구를 조성하는 것도 고려할 만하다. 이와 함께 대학, 기업, 연구소와 투자자 간 열린 토론 문화를 정착시키기 위해 정기적인 토론회를 개최하고, 대학 기술지주회사의 활성화를 위해 현물출자 비율을 완화하는 등의 정책적 지원이 필요하다.

우리나라도 카이스트나 서울대를 중심으로 연구 기반 창업이 증가하고 있지만, 보다 체계적인 지원과 글로벌 벤치마킹이 요구된다. 중국은 정부 주도로 생성형 인공지능 분야에서 민관학 협력 모델을 구축하고 있으며, 이스라엘은 대학의 연구 성과를 빠르게 산업화하는 트랜스퍼 오피스 모델을 운영하고 있다. 이러한 사례를 참고해 연구와 창업을 유기적으로 연결하는 혁신클러스터를 구축해야 하며, 이를 통해 유니콘기업이 성장할 수 있는 토대를 마련해야 한다.

산학연 전략적 파트너십과 대학의 역할 강화

지자체, 대학, 산업 간의 전략적 파트너십이 성공적으로 작동하려면 도시발전을 위한 미래 구상이 명확히 제시되어야 한다. 이러한 구상은 지자체가 대학의 교육과 연구 기능, 그리고 기업을 위한 지원체계와 유기적으로 연결시키는 데 필수적이다. 이를 통해 자원을 효율적으로 배분하고, 각 주체가 어떤 역할을 수행할지 협력 파트너십이 필요한 영역과 작동 방식이 자연스럽게 도출될 수 있다.

대학과 지역은 국가의 미래 전략에서 매우 중요한 역할을 한다. 대학은 고등교육과 연구개발의 중심으로 혁신의 요람이 되어야 하며, 대학이 위치한 지자체와 협력하여 시너지를 창출할 수 있다. 지자체와 대학이 산업과의 협력을 모색하고, 전략적 파트너십을 구축하면 효과적인 지역발전을 이끌어 낼 수 있다. 또한 대학과 지자체의 협력은 지역 주민들의 삶의 질과 지역 경제에 긍정적인 영향을 미친다.

대학의 경쟁력은 국가 전체의 경쟁력과 직결된다. 세계 선두권 대학들은 수십 년에 걸쳐 축적된 연구 성과와 교육 실적, 졸업생들의 활동 등을 통해 그 명성을 유지한다. 이와 같은 경쟁력을 확보하기 위해서는 지속적인 투자와 발전이 필요하다. 비록 우리나라의 상위권 대학들은 선진국의 대학들과 큰 차이가 없지만, 전체 대학의 수준은 여전히 국제경쟁력에서 뒤처져 있다. 대학은 기업, 정부, 지자체의 인재를 양성하는 중요한 역할을 하므로, 대학의 경쟁력은 곧 국가의 경쟁력을 좌우하는 핵심 지표가 된다. 이처럼 대학과 지역의 역할은 국가의 발전과 직결되며, 협력을 통해 상호

발전을 도모해야 한다.

대학은 특히 4차 산업혁명 이후 딥테크 스타트업이 부상하며 혁신 생태계에서 혁신을 주도하게 되었다. 이는 대학에서 질 높은 연구 성과와 기술이 생성되어 산업계와 연계되어 사업화될 때 혁신 생태계가 활성화된다는 의미이기도 하다. 하지만 세계적인 대학은 단기간에 형성되지 않는다. 우수한 학생과 교원, 지식 네트워크, 창의성을 존중하는 문화와 경제적 기반 등이 뒷받침되어야 한다. 대학의 질 높은 연구 성과는 산업계와 연계되어 사업화될 때 진정한 혁신을 창출할 수 있다.

많은 글로벌 대학이 교육과 연구를 통해 고급 기술과 원천기술을 만들어 내며, 이를 지식재산권으로 등록하고 라이선싱 등을 통해 사업화함으로써 부가가치를 창출한다. 이러한 과정은 인재와 자본을 혁신 생태계로 유입시켜 생태계가 확대 재생산되는 선순환 구조를 만들어 낸다. 이때 중요한 역할을 하는 것이 네트워킹이다. 보스턴의 바이오테크 허브, 런던의 테크시티 등은 네트워킹을 통해 관련 당사자들을 연결하고, 이를 통해 거래가 성사되고 혁신이 촉진된다.

네트워킹의 성공은 전문 인력과 지원 서비스에 달려 있다. 혁신 생태계가 활성화된 지역에는 벤처캐피털, 역량 있는 엑셀러레이터, 경험 많은 사업가들이 있어 스타트업들이 성공적으로 성장할 가능성이 높다. 이들은 다양한 스타트업을 창업하거나 투자하면서 혁신 생태계를 이끌어 간다. 혁신 생태계는 복잡하고 예측 불가능한 상호작용을 가진 시스템으로, 이를 잘 관리하고 개선할 수 있는 역량 있는 인프라가 필요하다. 이러한 요소들이 잘 결합되면, 유니콘기업의 탄생 가능성도 높아진다.

또한 접근 가능한 시장의 규모와 위치도 매우 중요하다. 실리콘밸리, 보스턴 바이오테크 허브, 런던 테크시티 등과 같은 혁신클러스터 주변에는 넓은 시장이 존재한다. 이러한 시장은 기업이 효율적으로 비용을 줄이며 성장할 수 있는 기회를 제공한다. 특히 내수시장이 작은 국가들은 타깃 시장을 전략적으로 설정해야 하며, 이스라엘처럼 본국과 미국 시장을 동시에 고려하는 접근이 필요하다. 이를 지원하기 위한 정부와 지자체의 보조금, 조세 특례제도의 정비와 대학과 기업들이 단기적인 성과에만 집중하지 않도록 하는 지원 조건의 설정이 중요하다.

글로벌 스타트업 생태계로의 확장

스타트업이 유니콘으로 성장하기 위해선 해외시장 진출이 필수적이며, 이를 뒷받침할 해외 투자자금 유치가 중요하다. 최근 미국과 중국뿐만 아니라 싱가포르, 프랑스 등 다양한 국가에서도 유니콘기업이 탄생하고 있는데, 이는 이들 국가가 해외자본 유치에 적극적이기 때문이다. 싱가포르는 아시아 제1의 금융허브로 자리잡으며 해외투자 유입이 활발하고, 프랑스는 2019년 '기업성장변화법'을 제정하여 본격적인 벤처 육성 정책을 펼치고 있다.

우리나라는 글로벌 벤처캐피털의 국내 스타트업 투자가 증가하고 있으나, 아직 초기 단계다. 2024년 기준 국내에서 결성된 벤처펀드 중 글로벌 성격의 펀드는 5퍼센트 내외에 불과하다. 이를 확대하기 위해 글로벌 벤처캐피털과 공동 펀드 조성 시 세제 혜택을 검토하고, 해외 네트워크 확장을 위해 세계 각지의 한상韓商 벤처캐피털을 적극 활용할 필요가 있다.

또한 해외투자 유치 이전에 글로벌 창업 전략도 고려해야 한다. 4차 산업혁명 시대는 디지털과 모바일을 기반으로 한 초고속·초연결 사회이며, 유니콘기업은 이러한 변화를 주도하는 핵심 주체다. 이런 환경에서는 국내 창업만을 고집하기보다, 해외에서 직접 창업하고 이를 국내와 연결하는 방식을 활용하면 해외시장 진출과 해외자본 유치가 훨씬 수월해진다. 이를 통해 유니콘으로 성장할 확률도 높일 수 있다.

실리콘밸리에서 유대 금융Jewish Finance이 오랫동안 자리 잡고 있으며, 2000년대 이후 중국과 인도의 많은 벤처기업가가 실리콘밸리에서 창업 후 본국의 벤처기업을 유니콘으로 성장시키는 사례가 증가하는 점을 참고할 필요가 있다.

국내 기업들의 글로벌 확장을 돕는 정책적 지원도 중요하다. 단순한 해외 진출이 아니라, 글로벌시장에서 경쟁력을 가질 수 있도록 지원하는 체계적인 프로그램이 필요하다. 미국, 유럽, 동남아 등에 한국 스타트업을 위한 액셀러레이터 및 인큐베이터를 설립하고, 해외 진출을 위한 맞춤형 법률, 세제, 네트워크 지원을 강화해야 한다. 또한 해외 진출 후 지속적인 성장을 도울 수 있도록 현지 파트너십 구축을 지원하는 프로그램도 마련해야 한다.

해외 우수 인력을 유치하고 창업 인센티브를 제공하는 것도 중요한 전략이다. 한국은 저출산과 고령화로 인해 잠재성장률이 1퍼센트대까지 하락했으며, 인건비 부담도 높아지고 있다. 이런 상황에서 국내 인력만으로 벤처 신산업을 육성하고 유니콘기업을 창출하는 데 한계가 있다.

따라서 값싼 노동력 확보 차원을 넘어 아시아, 동유럽, 남미 등지의 우수 인재를 유치하기 위한 정책적 노력이 필요하다. 프랑스는 '프렌치테크 비자' 제도를 도입하여 외국인 창업자, 근로자, 투자자에게 4년간의 체류를 보장하고 있으며, 일본은 '자산운용입국' 제도를 도입해 외국인 창업자에게 최대 2년간의 체류 허가, 최대 6천만 엔의 창업 대출, 도시별 임대료 보조금(후쿠오카는 최대 12개월), 법인세 감면 등을 지원하고 있다.

선제적인 규제개혁 추진

혁신을 위한 노력과 국가경쟁력을 좌우할 혁신 생태계를 구축하기 위해 반드시 해결해야 할 과제가 규제개혁이다. 그동안 '규제'는 우리나라 혁신기업의 성장을 가로막는 가장 큰 걸림돌로 지적되었다.

한 예로, 2018년 출시된 타다 서비스는 기존 택시 업계와는 다른 새로운 비즈니스 모델을 제시하며 빠르게 성장했으나, 기존 업계와의 갈등과 정부 규제로 인해 결국 서비스를 중단해야만 했다. 이는 단순히 타다만의 문제가 아니라, 한국에서 혁신적인 스타트업들이 마주하는 공통적인 문제다.

유니콘기업의 성장을 가로막는 가장 큰 장애물은 기존 규제 체계다. 규제는 혁신을 방해하고 창업자가 불확실성 속에서 사업을 지속할 수 없게 만드는 요인이 된다. 과거의 틀에 갇힌 법과 규제가 기업의 성장을 저해하지 않도록 해야 한다. 혁신적인 기업들이 마주하는 장벽을 허물고, 기존 산업의 반발을 최소화하며 혁신을 허용하는 제도적 장치를 마련해야 한다. 이러한 환경이 조성되어야 유니콘기업이 탄생할 수 있다.

유니콘기업을 육성하기 위해서는 딥테크 분야에서 더 많은 유니콘기업이 탄생해야 한다. 미국과 중국은 이미 네거티브 규제 방식을 적용하여 혁신적인 기업들이 자유롭게 성장할 수 있도록 지원하고 있다. 반면 한국은 여전히 포지티브 규제 방식을 유지하며 새로운 산업의 성장을 가로막는 장벽을 형성하고 있다.

특히 금융, 바이오, 모빌리티, 헬스케어 등의 분야에서 기존 법·제도가 새로운 기술과 비즈니스 모델을 제대로 반영하지 못해 기업 성장의 걸림돌이 되고 있다. 이를 해결하기 위해 규제샌드박스와 같은 제도를 적극적으로 활용하고, 세계 표준에 맞춰 규제 환경을 정비해야 한다.

해외투자 유치를 위한 기업 환경 개선, 복잡한 인허가 절차 간소화, 신산업 분야의 규제 선제적 정비 등이 우선 과제다. 미국과 유럽은 규제샌드박스를 도입해 신기술과 비즈니스 모델을 일정 기간 자유롭게 실험할 수 있도록 하고 있으며, 한국도 현재 활용 중인 규제샌드박스 제도를 시의적절하게 더욱 확대 적용할 필요가 있다.

4차 산업혁명의 핵심 중 하나는 기술과 수익모델의 융합을 통한 신산업 창출이며, 이를 이끌어 갈 유니콘의 탄생이 필수적이다. 그러나 현실적으로는 부처 간 '칸막이 행정'이 산업 간 융합과 시너지 창출을 가로막고 있다.

대표적으로 핀테크 스타트업 중 인슈어테크(보험과 기술) 분야는 의료금융서비스 업체가 의료서비스업과 금융업을 관할하는 부처 간 협업이 원활하지 않아 난항을 겪고 있다. 또한 신산업을 기존 법제 안에서 먼저 규제하려는 방식이나, '파괴적 혁신'이라는 이유로 사전 예방식 대처가 많은 것도 문제다. 이는 오히려 유니콘 기업의 성장을 가로막는 요인으로 작용할 수 있다. 따라서 기술과 산업의 융합을 촉진할 수 있도록 부처 간 협업 체계를 구축하고, 혁신적인 기업이 성장할 수 있도록 규제개혁이 선제적으로 이뤄져야 한다.

지역정부의 역할 수행

혁신 생태계를 구축하는 데 있어 다양한 요소가 결합되어야 하는데, 여기에는 종합적인 행정 접근이 필수다. 특히 우리나라처럼 부처 간 경쟁이 치열한 환경에서는 지역정부 중심의 혁신 생태계를 조성하는 것이 더욱 효과적일 수 있다. 중앙정부의 부처들은 기술 융복합, 첨단 신기술, 디지털 서비스 등 신성장동력 분야에 대해 각기 다른 이해관계를 가지고 있어, 이를 효과적으로 조정하는 데 어려움이 있다. 그로 인해 파편화된 행정체계가 혁신 생태계의 성장을 방해하고, 민간에 갈등 조정 비용을 전가할 위험이 있다.

이에 반해 지역정부는 지역 내 다양한 정책을 횡적으로 추진할 수 있어, 인재, 투자, 교육, 인프라, 규제 등 다양한 혁신 요소를 종합적으로 다룰 수 있다. 이러한 종합적 행정 접근은 지역 기반의 혁신 생태계를 조성하는 데 더 효율적이고 효과적인 해결책이 될 수 있으며, 중앙정부의 정책 파편화를 극복하고 민간의 부담을 줄이는 데 기여할 수 있다.

지역정부는 혁신 생태계를 조성하기 위해 공간, 교통, 주거 등 필수적인 정주 여건을 마련하는 역할도 해야 한다. 선진국의 사례를 보면 혁신클러스터는 지역개발사업과 함께 진행되는 경우가 많다. 대학과 기업이 연구개발 공간, 창업 비즈니스 공간, 컨벤션 시설 등을 확보할 수 있도록 지원해야 하며, 이를 뒷받침할 수 있는 공항, 철도, 도로 등 편리한 교통망도 필수적이다. 또한 연구자, 사업가, 학생, 직원 등 다양한 계층이 거주할 수 있도록 주거지를 조성하고, 엔터테인먼트, 문화시설, 쇼핑몰, 학교, 병원 등 생활 기반 시설도 갖춰야 한다.

과거 국내 혁신도시 조성 과정에서 이러한 정주환경을 고려하지 않고 공공기관을 강제적으로 이전한 결과, 많은 직원이 서울에서 장거리 통근을 해야 하는 문제가 발생했다. 이러한 실책을 반복하지 않으려면, 사람들이 자발적으로 모일 수 있도록 매력적인 환경을 조성하는 것이 핵심이다. 기업과 인재들이 자연스럽게 유입될 수 있도록 지역의 경쟁력을 강화하고, 장기적인 정착을 유도할 수 있는 전략이 필요하다.

다시 성장과 유니콘

지은이 오세훈, 유니콘 100 포럼

초판 1쇄 인쇄 2025년 4월 3일
초판 1쇄 발행 2025년 4월 18일

펴낸이 오균
펴낸곳 서울연구원
편집 전말숙, 양지선
디자인 박진범
인쇄·제본 민언프린텍

주소 서울시 서초구 남부순환로 340길 57
전화 02-2149-1234
팩스 02-2149-1019
홈페이지 www.si.re.kr

ISBN 979-11-5700-877-3 93300